KB024863

이 지운

"비밀의 언덕"을 통해 당신 안에
조용히 웅크리고 있던 감각이 깨어나기를!

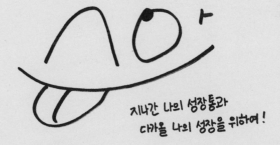

지나간 나의 성장통과
다가올 나의 성장을 위하여!

출판사 클의 책을
만나보세요.

비밀의 언덕 각본집

1판1쇄 펴냄 2024년 7월 30일

지은이 이지은 김혜리 김혜정 김중혁

펴낸이 김경태 | **편집** 조현주 홍경화 강가연
디자인 박정영 김재현 | **마케팅** 김진겸 유진선 강주영
펴낸곳 (주)출판사 클
출판등록 2012년 1월 5일 제311-2012-02호
주소 03385 서울시 은평구 연서로26길 25-6
전화 070-4176-4680 | 팩스 02-354-4680 | 이메일 bookkl@bookkl.com

ISBN 979-11-92512-92-1 03680

비밀의 언덕

각본집

이지은

김혜리, 김혜정, 김중혁

목차

저는 모든 영화 용어를 통틀어 '각본脚本'이라는 단어를 가장 좋아합니다. 관객이 보고 싶어하는 것을 충족시키는 날줄과, 관객의 기대를 기분 좋게 배반하는 씨줄을 촘촘히 엮어가며 각본을 '짜는' 과정은 무척 흥분되고 즐거운 작업입니다.

제게 있어 각본은 영화라는 결과물을 만들기 위해 배우와 스태프에게 공유하는, 새로운 비전을 담은 설계도입니다. 이 설계도가 한 배를 탄 창작자들에게 영감을 주어 최고의 시너지가 나길 바라는 마음으로 뜨겁게 썼습니다. 열 마디 말보다 적확한 표현을 쓴 한 문장의 지문이 더 효과적이라고 생각해서, 가능한 한 사람마다 다르게 해석하거나 오해할 수 있는 수사적인 표현을 지양하고, 직관적이고 쉬운 단어들로 담백하게 쓰고자 했습니다.

하지만 예외도 있습니다. 특정 장면에서 꼭 구현하고 싶은 연출자로서의 결기를 위해 추상적인 표현을 써야 할 때도 있었습니다. 이를테면 〈비밀의 언덕〉 각본의 끝 무렵,

저는 '물아일체物我一體'라는 사자성어를 썼습니다. 배우는
물아일체의 연기를 어떻게 할 것이며, 감독은 배우에게
어떤 디렉션을 주어야 할지 참 난감한 표현입니다. 그럼에도
제가 표현하고자 하는 그 주관적인 물아일체 경지의 결기를
현장에서 잊지 않기 위해 그 단어를 사용했습니다.

'이명은'이라는 인물을 아이가 아닌 복잡한 내면을 지닌
한 인간으로 그리고자 한 것이 저의 가장 큰 목표였습니다.
각본 자체로 인물의 여정을 즐기시는 것도 좋고, 혹 영화를
보시게 된다면 설계도가 어떻게 현실화되었는지, 종이 위의
지문과 대사가 배우를 만나 어떻게 입체화되었는지, 각본에는
없지만 촬영 현장과 후반 작업과정 속에서 어떤 아이디어로
대체되었는지 비교해서 보시는 것도 쏠쏠한 재미가 되시리라
생각합니다.

모쪼록 일상을 살아가시다가 문득문득 〈비밀의 언덕〉 속
인물들이 떠오르셨으면 좋겠습니다. 명은이도 좋고, 애란,
경희, 성호, 혜진, 진우, 기남, 민규, 하얀, 단 하나의 대사만
있는, 혹은 대사는 없지만 등장만 하는 그 어떤 인물이어도
좋습니다.

그 누구라도 지금의 당신에게 위안이 되길 바랍니다.

2024년 7월에
이지은

〈 비 밀 의   언 덕 〉

각 본

이지은

1. 문구점 안 (낮)

자막 - '1996'

선물용 팬시 코너에서 물건을 고르는 여아의 손이 보인다.

탁상용 액자를 보았다 도로 놓았다, 메모꽂이를 보았다 도로 놓았다,

캔들을 보았다 도로 놓았다, 방향제를 보았다 도로 놓았다,

양산을 보았다 도로 놓았다…

선물을 고르는 시선이 무척이나 꼼꼼하고 신중하다.

최종 후보인 방향제와 손수건을 양손에 들고

선뜻 선택을 내리지 못하는 **명은(여, 12세)**.

문구점 아줌마는 재촉하지 않고, 수필집을 읽는다.

마침내, 선택을 끝낸 명은은 탈락된 손수건을 원래 자리에 갖다놓는다.

그제야 아줌마는 책을 덮고 일어나, 알아서 척척 포장을 하기 시작한다.

기본 포장이 끝나자 형형색색의 포장 꽃 스티커들이 든 상자를 열며,

아줌마   고르~시이~오~

명은에겐 이것조차 선택하는 것이 너무 어렵다.

핑크색과 금색 중에 또 한참을 고민하다가,

명은	금색이 최고로 좋은 색이니까, 이거요!
아줌마	그래. 상도 금상이지~!

아줌마는 포장된 선물의 가장자리에 금색 포장 꽃을 탁- 붙인다.

심사숙고한 쇼핑 결과에 만족하는 표정의 명은.

2. 동네 언덕길 (낮)

선물을 들고서 언덕길을 오르는 명은.

그런데 선물을 바라보는 명은의 얼굴이 조금 전과 달리 언짢다.

3. 연립아파트 계단/현관 (낮)

계단을 올라 현관문 앞까지 다다른 명은, 숨이 차다.

어쩐지 바로 현관문을 열지 않고, 선물을 가만히 내려다본다.

조금 뒤, 현관문을 연 명은은 가방을 벗어 안에 휙 던져놓고는,

다시 문을 잠그고 선물만 들고서 계단을 내려간다.

4. 동네 언덕길 (낮)

언덕길을 달려 내려가는 명은.

5. 문구점 안 (낮)

숨을 헐떡이며 문을 열고 들어오는 명은.

명은   아줌마… (헉헉) 이거… (헉헉) 금색 말고… (헉헉)
                핑크색으로… (헉헉) 바꿔주시면 안 돼요?

아줌마   와이?

명은   선생님은 핑크색을 더 좋아하실 것 같아서요.

제목 타이틀 뜬다.

〈비밀의 언덕〉

6. 명은 방 (낮)

책상에 앉아 편지를 쓰는 명은.

바르고 예쁜 글씨지만, 아주 자잘한 실수들로

이미 여러 장의 편지지를 망쳤다.

'제가 선생님께 편지를 쓰는 이유는
선생님에게만 건의하고 싶은 비밀이 있어서예요.
이 비밀은 선생님만 아셔야 해요. 그것은요···
새 학년이 시작될 때마다 하는 선생님과의 면담을
교실에서 말고 선생님 연구실에서 한 명씩 하면 어떨까예요.
왜냐하면···'

7. 명은 집 거실 (밤)

10시가 넘어가고 있는 시계.
가족이 밥상에 둘러앉아 삶은 대게를 게걸스럽게 쪽쪽 빨고 있다.

성호   아따 맛있다. 진짜 맛있지?

하며, 살이 많은 다리를 꺾어 남매에게 준다.

경희   이게 뭐가 맛있다구. 먹기 귀찮기만 하지.
         난 그냥 곱창에 쌈 싸먹는 게 제일 좋구만.

하며, 경희는 앙상한 다리만 골라 먹는다.

경희   아무튼 니네 아빠하고 나는 맞는 게 하나도 없어.

성호   아 이 사람아, 자기 입맛이 싸구려라 그러지.

경희   그냥 돈만 쓸 줄 알지. 니네 아빠는 단 십 원도
            저금할 줄을 몰라.

명은은 엄마의 귀 따가운 목소리에,
손으로 귀는 막지 못하고 귀 옆만 문질러댈 뿐이다.
TV에는 빈민촌에서 사는 어느 불우한 가정의
가슴 아픈 사연이 흘러나오고 있다.
화면의 오른쪽 상단에는 ARS 번호와 함께
후원금액이 빠르게 올라가고 있다.

명은   우리도 저기에 전화하자.

성호   지랄.

명은   저 사람들 불쌍하잖아. 함께 도와야지.

경희   야, 엄만 돈 한 푼이라도 더 벌려고 새벽부터 나가서
            밤늦게까지 죽어라 장사하는데.
            너 눈이 달려 있으면, 엄마 여기 손 좀 봐라.

손톱이 부러지고, 손바닥 전체에 굳은살이 박인

고생한 엄마의 손을 보곤,

더 이상 말을 꺼내지 못하는 명은.

성호   니들 태어나기 전엔 아빠 엄마도 저렇게 어렵게
        살았어. 그만큼 뼈 빠지게 일을 했으니까 지금
        이만큼 사는 거지.
        저 사람들도 우리처럼만 살았어봐라. 다 먹고살았지.
        의지가 부족한 거야 저건.

경희   아무튼 내 인생엔 누구한테 손 벌릴 일 없어.
        그리고 하나님 예수님 믿을 거도 없어. 그냥 나
        자신만 믿어.
        그러니까 누가 교회 가자면 절대 따라가지 마.
        거기 가면 결국 다 돈 내라는 거니까.

명은, 그냥 말이 안 통한다는 듯 고개를 저으며,

집게다리로 살을 발라내는 데에만 열중한다.

성호   아빠가 알려줄게. 일단 여기를 가위로 잘라…
        그런 다음 여기를 부러뜨려… 그런 다음 쏙 빼면…
        쉽지?

대게 다리만 아작아작 씹고 있던 민규, 드디어 입을 뗀다.

민규   아빠, 우리 집 가훈이 뭐야?

성호   그건 왜?

민규   학교에서 알아보고 오라고 해가지고.

성호랑 경희는 가훈 같은 건 생각하며 살아오지 않은지라
눈만 껌뻑이며 조용해진다.

성호   그런 거 없어, 우리 집은.

경희   있어! 주지도 말고, 받지도 말자. 이거야, 우리 집
       가훈.

8. 명은 방 (밤)

씻고 방으로 돌아온 명은.

경희가 서랍장 앞에 앉아 인테리어 잡지를 오리고 있다.

명은이 쓰다 만 한문 노트에 단독주택 인테리어들을 스크랩하는 경희.

거실, 욕실, 부엌, 2층 계단, 테라스, 마당, 정원 등의 사진들이 붙어 있고,

그 옆에는 졸필로 디테일하게 메모를 해놓았다.

잠자리에 누운 명은, 묶은 머리를 푼다.

경희   (행복한 얼굴을 하고서) 봐봐, 고급스럽지 않니?

엄마는 나중에 이런 데서 살 거야. 나중이 아니지.
지금이 서른일곱 살이니까, 딱 18년 뒤에.
지금은 사람들이 엄마한테 돈 벌어서 뭐 하냐,
옷 좀 사 입어라 그래도, 그때 되면 입이 싹 들어갈
거야.
두고 봐, 꿈은 이루어진다.
엄만 이때 되면 장사 안 할 거야. 돈 벌어놓은 거
야무지게 쓰면서, 예쁜 옷 입고, 정원 가꾸면서 살
거야.

명은은 끊어진 머리카락이 잔뜩 붙어 있는
엄마의 노란 고무줄을 바라본다.

명은   계속 고무줄로 묶으면 머리카락 빠진다니까.
경희   괜찮아.
명은   괜찮은 게 아니라, 왜 내가 생일 선물 해준 머리띠
          안 해?
경희   가게 불빛이 눈부셔서 안 돼.

9. 명은 집 거실 (아침)

학교 갈 채비를 마친 남매, 밥상에 앉는다.
성호는 어제 먹다 남은 대게, 김치, 계란, 표고버섯, 파를
한껏 데커레이션 한 라면을 남매 앞에 놓는다.

성호　　　몸에 좋은 것만 넣은 거야.

민규는 이미 오래전에 자포자기를 한 듯
젓가락을 들고 영혼 없이 먹는다.
명은도 마지못해 계란을 깨작이며,
도시락을 싸는 성호의 뒷모습을 불안한 눈빛으로 바라본다.
반면 성호는 흥얼거리며 도시락 뚜껑을 딱딱 닫는다.

10. 명은 집 안방 (아침)

가방을 멘 명은, 안방 문을 열고 들어온다.
컴컴한 방, 성호는 이불 속에 누워 있다.

성호　　　왜?
명은　　　준비물 사야 되는데.

성호   아빠 바지 갖고 와봐.

명은은 구석에 아무렇게나 던져져 있는 무거운 청바지를 가지고 온다.
바지 주머니에서 현금 뭉치를 꺼내는 성호.

성호   얼마 필요한데?
명은   한 오천 원?
성호   (만 원을 주며) 오빠도 줘.

명은은 바지를 원래의 위치에 갖다놓는다.
성호는 다시 눕는다.
명은은 조용히 문을 닫고 나간다.

11. 동네 언덕길 (아침)

등교 중이던 명은, 갑자기 학원 건물 안으로 들어간다.

12. 건물 화장실 (아침)

화장실 안으로 들어온 명은,

서둘러 도시락을 꺼내 뚜껑을 연다.

안엔 시뻘건 명란젓과 김치볶음이 들어 있다.

쓰레기통에 음식을 버리는 명은.

능숙하게 도시락통을 물로 세척하고,

휴지로 물기를 잘 닦아낸다.

13. 교실 (아침)

교장 선생님이 아이들과 시간을 때우고 있다.

교장 선생님 말에는 관심 없는 명은은

담임 선생님 책상 위에 놓아둔 선물과 편지에만 시선이 꽂혀 있다.

교장 선생님, 창밖 운동장을 보면

지각한 20대 여선생(애란)이 다급하게 뛰어오고 있다.

잠시 후-

교실 문이 열리면, 애란이 숨을 헐떡이며 들어온다.

교장 선생님을 보고 당황하는 애란.

교장 선생님   김애란 선생님, 오는 길에 버스 사고 났다고 한 건
괜찮습니까?

애란   (전혀 모르는 사실이다) 예?

교장 선생님	(눈치를 준다)
애란	아, 예… 다행히도…
교장 선생님	다행이네요. (하며, 애란에게 서늘한 눈치를 주고는 교실을 나간다)
애란	(외투를 벗어 의자에 걸며) 오늘 면담한다고 했지?

애란, 책상 위에 놓인 명은의 선물과 편지를 본다.
명은, 애란이 뭐라고 말할지 조마조마한 얼굴이다.

애란	그럼 지금부터 한 명씩 번호 순서대로 앞으로 나오자.

어두워지는 표정의 명은.

(시간 경과)
애란의 책상에서 한 아이씩 면담 중이다.

면담생1	(경수) 서울에 있는 출판사 다니세요.
애란	그래서 경수가 책 읽기를 좋아하는구나?
면담생1	네!

부모님의 직업 얘기에 아이들은 저희들끼리 눈빛을 주고받고

쑥덕거린다.

애란	그럼 어머니는?
면담생1	가정주부세요.

(시간 경과)

앞 번호 대인 남학생들의 순서가 다 끝나고, 여학생이 나와 있다.

| 면담생2 | (유나) 엄마는 미용실에서 일하시고요, 아빠는 택시 |
| | 기사를 하세요. |

자신의 차례가 다가옴에 따라 더욱 불안해지는 명은의 얼굴.

명은	(손을 들고) 선생님, 저 양호실에 좀 다녀오면 안
	될까요?
애란	왜?
명은	머리가 좀 아파서요.
애란	많이 아파 보이지는 않는데, 그럼 명은이 먼저 하고
	가자.

이게 아닌데… 싶은 명은, 어쩔 수 없이 앞으로 나온다.

애란	명은이는 형제 관계가 어떻게 되니?
명은	(작은 목소리로) 6학년 8반에 오빠가 있어요.
애란	그럼 부모님 직업은 어떻게 되셔?
명은	아빠는 회사원이시고⋯
애란	무슨 회사?
명은	그냥⋯ 음⋯ (책상 위에 쌓여 있는 종이를 보곤 즉흥적으로) 이런 종이 만드는 회사요.
애란	종이?
명은	네. 하얀 종이도 만들고, 색종이도 만들고, 책 같은 거 종이도 만들고⋯
애란	아아. 명은이의 아버지가 만든 종이를 가지고 경수 아버지께서 책을 만드시는구나! 그럼 어머니는?
명은	아주 평범한 가정주부요.

14. 교실 앞 복도 (아침)

교실에서 나온 명은, 착잡한 얼굴이다.
무거운 발걸음으로 복도를 걸어간다.

15. 교실 (낮)

점심시간.

명은의 무리(유나, 서현, 소정)는 명은까지 넷이다.

저마다의 도시락 뚜껑을 연 아이들은

서로의 반찬을 재빨리 눈으로 스캔한다.

유나   또 김밥 싸왔네?

명은   나도 지겨워.

아이들은 명은의 김밥을 하나씩 가져간다.

명은도 도시락이 가장 화려한 친구의 예쁜 계란말이 반찬을

포크로 찍어 먹는다.

유나   참, 여기 중에 반장 선거 나갈 사람 있어?

16. 시장 젓갈 가게 (낮)

수업을 마친 명은이 가게로 온다.

경희는 쌀쌀맞은 태도로 의붓아버지(기남)와

의붓남동생(진우)을 상대하고 있다.

명은   (반갑게) 삼촌!

고개를 돌린 진우는 명은을 향해 미소를 지어 보이곤,
다시 경희에게로 시선을 돌린다.
명은, 장판 의자에 앉는다.

경희   그럼 아파트는 그냥 가지시고요,
         이제 엄마도 돌아가셨으니까 우리하고는 연을
         끊어요.
         정말로 다시는 아쉬운 소리도 하지 마시고요,
         연락도 하지 마세요.
진우   (실실 웃으며) 누나~ 그러지 마~
경희   너도 이제 나한테 의지할 생각하지 말고,
         그 아파트를 팔든지 해서 알아서 살아.
         장사해야 하니까 얼른 가.

가게를 떠나는 기남과 진우.
술에 취한 성호, 오다가 마주친 기남에게 머리 인사를 하고는
가게로 들어온다.

성호   (경희에게) 또 왜?
경희   아무튼 난 피 한 방울 안 섞인 사람들한테 할 만큼

했어.

어쩜 이렇게 다들 돈 앞에서 뒤통수를 치냐.

죽어도 아파트는 자기가 갖겠대.

그래서 그냥 그거 가지시고, 이제 여기서 깨끗하게

연 끊자고 했어.

성호, 장판 의자에 드러눕는다.

경희   (명은을 보고) 또 돈 달라고 왔지?

명은   그게 아니라… 엄마, 나 옷 좀 사주면 안 돼?

(시간 경과)

삐쳐서 장판 의자에 엎드린 명은.

일수 아줌마가 온다.

일수 아줌마   명은이는 왜 이러고 있어?

경희   몰라. 옷 안 사준다고 입이 댓 발 나와서는.

          집에 있는 게 다 옷인데.

명은   다 오빠 옷이잖아!

경희   (현금다발을 세며) 미술학원 보내달라고 해서

          미술학원 보내줬지, 또 피아노 학원 보내줬지,

          또 뭐냐 속셈학원 보내줬지,

다 한두 달 다니다가 그만뒀어요.

내가 진짜 재한테 투자한 돈이 아까워서.

(계산이 맞자, 일수 아줌마에게 준다)

일수 아줌마 (다시 돈을 세며) 저 나이 땐 하나씩 다 배워보는
거지.

배울 때 안 배우면 한이 된다? 내가 그러잖아.

경희 (듣지 않고) 지난번엔 머리 파마 안 시켜준다고 난리
치더니만.

결국 저렇게 미친 아줌마처럼 하고 왔다니까.

17. 시장 아동복 가게 (낮)

눕혀진 옷들을 살펴보는 경희와 명은.

명은의 시선은 자꾸 벽에 걸린 신상 원피스로 향한다.

경희 이거 예쁘네. (하며, 명은에게 대본다)

명은 (마음에 안 든다)

경희 (다른 걸 골라서 또 명은에게 대본다) 딱 니 옷이다.

명은 (마음에 안 든다. 벽에 걸린 옷을 향해) 저거 예쁘다.

경희 넌 꼭 촌스러운 것만 고르더라.

명은 저게 뭐가 촌스러워.

경희	할머니가 사준 옷들도 죄다 촌스러워가지고.
	이거 아님 아까 그게 젤 낫다.

18. 진우 방 (낮)

명은은 음료수 박스로 미니 우체통을 만들고 있다.
달라붙은 풀과 색종이 조각, 사인펜 자국들로 더러워진 손.
진우는 옆에서 비행기 프라모델을 조립 중이다.

19. 교실 (아침)

(엄마가 고른 옷을 입은) 명은이 교탁 앞으로 나선다.
여유를 잃지 않고, 좌우의 관중과 찬찬히 눈을 맞춘다.
그러곤 살며시 미소.

명은	수많은 공약들, 그동안 얼마나 지켜졌다고
	생각하십니까?
	과연 늘 반장 회장을 맡아오던 사람들이 바꾼 게
	무엇입니까?
	저는 지금껏 한 번도 임원을 해본 적이 없습니다.

하지만! 그동안 수두룩한 임원들의 모습을
봐왔습니다.
(후보1을 보며) 계획만 세워놓고,
(후보2를 보며) 잘생긴 자기 사진만 찍었지,
지금껏 공약을 지킨 사람을 한 번이라도 본 적이
있습니까?
반장만 시켜주면 지키겠다는 약속을
왜 정작 반장이 되면 지키지 못하는 걸까요?
그 이유는 첫째, 지켜야 할 약속이 너무 많아서고,
둘째, 사실 반장으로 인기를 끌고 싶을 뿐
반장이 하는 일엔 관심이 없기 때문입니다.
저는 못 지킬 공약 여러 가지 말고,
지킬 수 있는 공약 한 가지만 말하겠습니다.

손에 든 꼬깃한 공약 종이를 내려놓곤,
'비밀 우체통'을 교탁 위로 올린다.
카세트테이프를 재생하여 잔잔한 배경음악을 깐다.

명은   저는 이 '비밀 우체통'을 우리 반에 설치하겠습니다.
여기에 여러분이 말 못 할 비밀을 적어주시면,
제가 선생님과 함께 비밀리에 토의를 하여,
여러분의 답답함과 고민이 해소되도록,

우리 반에 소외된 친구들이 단 한 명도 없도록,
그런 사랑과 평화로 가득한 반이 되도록
만들겠습니다.

보면- 관중은 친구들 셋밖에 없다.
친구들, 나쁘지 않다는 반응들.
그때 한둘씩 등교하는 아이들.

20. 운동장 (낮)

수업이 끝난 뒤,
'비밀 우체통'을 들고서 운동장을 달리는 명은.
벅차오르는 표정이다.

21. 시장 젓갈 가게 (낮)

손님 상대를 하는 경희와
장판 의자에 누워 자는 성호.

명은   (성호를 깨우며) 아빠, 나 반장 됐어!

성호	반장 됐다고?
경희	(손님에게) 네, 또 오세요.
명은	엄마, 나 반장 됐어!
경희	(장판 의자에 앉아 먹다 남은 바나나를 우물우물)
	그걸 왜 해? 너 반장이 얼마나 피곤한지 알아?
	학교에 꼬박꼬박 찾아가야 하지.
	행사 때마다 학교에 뭐 갖다 바쳐야 하지.
	선생님한테도 선물 줘야 하지.
	반장보다 반장 엄마가 할 게 많은 게 반장이야.
	그런 건 한가한 엄마들이나 하는 거지.

경희, 금방 또 일어나 단골손님을 맞는다.

성호	근데 왜 너를 반장 시켜줬대?
명은	투표로 된 거지. 맨날 1등 하는 애도 안 됐고,
	맨날 반장 하던 애도 안 됐어.
	이게 아무나 되는 게 아니라니까.
경희	아무튼 우리 엄마는 먹고살기 바빠서 그런 거
	못 한다고 무른다고 해.
	머리도 아프고 신경 쓰기 싫어.
명은	어떻게 물어. 할 거야.
단골	그래~ 감투를 왜 무냐?

경희	우리 같은 사람들은 그런 거 하는 거 아니라니까.
단골	민규 엄마야, 세상에 그런 게 어딨냐? 하면 하는 거지.

손에 붙은 색종이들을 떼어내던 명은,
손님이 젓갈을 집던 손가락을 경희의 등에 닦는 걸 본다.
경희도 알지만 모르는 척한다.
젓갈을 담고 돌아선 경희, 명은과 눈이 마주친다.

경희	가서 집 안이나 치우세요.

명은은 삐쳐서 가게를 박차고 나간다.
자신도 모르게 새어나오는 눈물을 훔치는 명은.
뒤에서 소리치는 경희.

경희	무조건 물러! 니 주제 파악 좀 하고!

22. 교실 (낮)

종례 인사를 하기 위해 일어난 명은.

명은	차렷, 열중쉬어, 차렷. 선생님께 인사.
아이들	안녕히 계세요.

아이들은 인사를 하고 교실을 떠난다.

명은은 교실에 남아 '비밀 우체통'에 달린 자물쇠를 열쇠로 연다.

앞자리에 앉아 사연 쪽지들을 읽어보는 명은.

애란도 자기 자리에 앉아 업무를 보고 있다.

명은은 창가에 앉은 애란의 아름다운 모습을 훔쳐본다.

그러다 눈이 마주치는 두 사람.

애란	(씽긋) 오늘도 사연이 많이 들어왔니?
명은	네!
애란	그럼 한번 같이 볼까?

명은은 사연 쪽지와 의자를 들고 애란의 옆으로 간다.

책상엔 명은이 선물로 준 방향제가 놓여 있다.

애란	(사연을 읽는) 생일을 모두가 함께 축하해주었으면 좋겠어요.
명은	제가 내일 아이들 생일 모두 조사할게요!
애란	이건 선생님이 조사한 게 있으니까, 표를 만들어서 친구들이 다 같이 볼 수 있게끔 앞에다 붙여놓을게!

명은   아. 네, 좋아요! 그럼 생일 축하는 노래를 다 같이
불러주고,

카드, 아니다, 롤링 페이퍼를 쓰면 좋을 것 같아요.

23. 교실 (낮)

명은(소리)   도서관에 가지 않는 친구들이 많으니,

집에서 각자 책 한 권씩 가지고 와서

우리 반에 작은 도서관을 만들었으면 좋겠어요.

명은의 주도하에, 아이들은 자기가 가져온 책을
교실 한쪽에 마련된 책장에 꽂는다.

24. 교실 (낮)

애란(소리)   우리 반만의 추억 앨범을 만들었으면 좋겠어요.

불이 꺼진 교실.
아이들, 생일 주인공(은서) 주위로 빙 둘러서서
생일 축하 노래를 불러준다.

생일 주인공, '오예스'에 꽂힌 초를 입으로 후 분다.

사진기를 든 명은, 반 아이들이 생일을 축하하는 모습을

다양한 각도에서 찍는다.

25. 교실 (낮)

애란, 주걱으로 바닥에 왁스를 떨궈준다.

아이들, 걸레로 바닥을 닦는다.

CUT TO

유나, 오만상을 찌푸리고서 창밖으로 지우개를 털고 있다.

CUT TO

명은의 친구들, 모여서 공기놀이를 한다.

아이들의 생생한 모습을 찍는 명은.

26. 교실 (낮)

환경미화부는 커다란 도화지에 사진들을 붙인

'우리 반의 소중한 추억 앨범'을 교실 뒤 게시판에 붙인다.

뿌듯한 얼굴로 지켜보던 명은,

환경미화부(서현)의 어깨를 두드리며 격려한다.

27. 운동장 (낮)

체육 시간.

친구들과 즐겁게 놀던 명은, 홀로 앉아 있는 아이(하윤)를 본다.

명은　　　(손짓하며) 하윤아. 일로 와. 같이 하자.

28. 교실 (낮)

아이들(유나와 광호)의 싸움을 중재하는 명은.

명은의 논리에 아이들은 설득되고 있다.

29. 교실 (아침)

교실 앞에 나와 떠드는 아이들을 감시하는 명은.

운동장을 보면 지각한 애란이 달려오고 있다.

밖에서 들리는 교장 선생님의 기침 소리.

교장 선생님이 교실 문을 열려는 찰나-

30. 교실 앞 복도 (아침)

근소한 차이로 먼저 문을 열고 나오는 명은.

교장 선생님　선생님은?

명은　복사하러 가셨어요.

교장 선생님, 그다지 믿지 않는 눈빛.

31. 교실 (낮)

사연을 읽는 명은.

명은　해외의 또래 아이들과 펜팔을 했으면 좋겠어요.

32. 교장실 (아침)

교무 회의 시간.

교장 선생님   그거 정말 좋은 아이디어이긴 한데, 영어는 어떻게
하죠?

33. 교실 (낮)

애란에게 설명하는 명은.

명은   특활 시간에 편지 쓰는 법에 대해서 배우는 거예요.
아이들이 영어 배우기를 싫어하는데…

34. 교장실 (아침)

열정적으로 설명하는 애란.

애란   이렇게 하면 영어도 열심히,
무엇보다 재미있게 공부하게 될 거구요.

교장 선생님　　(손뼉 친다) 일석이조네. 해외 견문도 넓히고,

　　　　　　　　영어 학습 능률도 올리고!

다른 선생님들(선생님1,2,3)도 모두 긍정적인 표정.

교장 선생님　　이거 모두 김애란 선생님의 아이디어입니까?

애란　　　　아, 네에…!

교장 선생님　　그동안 이거 생각하느라 지각한 건가?

　　　　　　　　하하. 아무튼 굿 아이디어예요!

35. 운동장 (낮)

애란과 함께 걷는 명은.

애란　　　　반 친구들이 모두 반장을 잘 따르는 것 같아.

명은　　　　'비밀 우체통' 덕분인 것 같아요.

애란　　　　맞아. '비밀 우체통' 덕분에 교실에 변화된 게 많지?

　　　　　　　　그래도 맨날 친구들보다 늦게 가는 게 힘들진 않아?

명은　　　　아뇨. 재미있어요. 뿌듯하기도 하고요.

애란　　　　그렇담 다행이다.

명은　　　　아 참… 선생님. 지난번에 면담 때 보니까요,

	부모님이 맞벌이시라 바쁜 아이들이 꽤 있잖아요.
애란	응, 그렇지.
명은	그래서 말인데요, 우리 학교도 급식을 하면
	어떨까요? TV에 보니깐 서울엔 하는 학교가 있던데.
애란	아, 급식?
명은	저희 집은 괜찮은데, 제가 보기엔 부모님이
	도시락을 싸주기가 힘든 아이들이 꽤 있는 것
	같더라고요.
애란	그렇구나… 그럼 선생님이 교무 회의 때 한번
	건의해볼게.
명은	네에.
애란	참, 부모님께서는 아직 학부모 회의에 오시기
	힘드시니?
명은	네에… 외할머니가 아직 많이 아프셔서요.
	요즘도 맨날 간호하러 가시느라.

36. 명은 방 (밤)

명은은 형형색색 펜과 양손을 사용해,

자기가 쓴 것처럼 보이지 않게끔 사연들을 쓴다.

'서로 사용하지 않는 물건을 물물교환하면 어떨까요?'

매번 다른 사연을 짓기도 힘들다… 한숨을 쉬는 명은.

37. 교실 (아침)

헐레벌떡 교실 문을 열고 들어오는 애란.
아침부터 물물교환이 벌어진 광경을 보고 의아한 얼굴이다.

명은	(사진기를 들고 다가와) 오늘도 선생님들 회의가 늦게 끝나시는 것 같아서요. 제가 물물교환 행사 먼저 했어요.
애란	(명은의 어깨를 두드리며) 응, 그래. 잘했어 반장.

(시간 경과)
물물교환 행사가 끝나고 햄버거와 콜라 세트를 먹는 아이들.
여기저기 '맛있다' 소리.
임원 엄마 셋은 책상 위로 올라가 창에 빨아온 커튼을 달고 있다.
그중에서도 차분한 분위기의 회장 엄마가 단연 눈에 띈다.
명은은 가시방석에 앉은 것 같다.

(시간 경과)
명은이 교실에 들어서면,

애란이 회장과 무슨 대화를 주고받고 있다.

명은도 조용히 다가와 무슨 대화를 하는지 듣는다.

방향제 옆에는 고급 선물상자 하나가 놓여 있다.

애란   그럼 경수가 한번 준비해봐. 알겠지?

회장   네.

회장이 자리로 돌아가자,

명은도 '선생님이 자신에게 무슨 얘기를 하겠지' 하고 기대하는데,

애란은 명은을 무시하고 자리에서 일어난다.

애란   얘들아, 이제 자리에 모두 앉아.

의기소침해져서 자리로 돌아가는 명은.

애란   반장, 인사하자.

명은   차렷, 열중쉬어, 차렷. 선생님께 인사.

아이들   안녕히 계세요.

명은은 평소와 달리 빨리 교실을 떠난다.

'비밀 우체통'의 자물쇠는 굳게 잠겨 있다.

38. 명은 집 거실 (밤)

가족들, 밥을 먹으며 연신 명은의 눈치를 보고 있다.

명은은 고개 한 번 들지 않고, 말없이 흰밥만 퍼 먹는다.

민규   (다 먹은 밥그릇을 들고 일어나며) 그러게 누가 반장

하래?

명은   누가 뭐래? 가만히 있는데 왜 시비야!

민규   에휴-

성호   반 애들이 다 합쳐서 몇 명인데?

명은   …

성호   아빠가 해줄게.

경회   그거 한번 갖다주기 시작하면 계속 갖다줘야 하는

거 몰라?

성호   아빠가 해줄 테니까 이거 먹어봐. 맛있어.

명은, 그제야 조기 살을 집어먹는다.

39. 교실 (낮)

교실에 바나나 상자가 배달된다.

애란　　　　반장 부모님께서 여러분들 먹으라고 간식
　　　　　　사오셨으니까, 1조부터 나와서 두 개씩 가져가자.

아이들, 상자로 모여든다.
'웩, 냄새' '나 바나나 싫어하는데' '안 먹을래, 이거 썩은 것 같아'라고 하는
아이들의 소리.

애란　　　　그러는 거 아니야. 과일이니까 무조건 두 개씩은
　　　　　　가져가.

애란은 억지로 아이들에게 바나나를 두 개씩 나누어준다.
명은은 싫어하는 표정의 아이들을 보며
아무렇지 않은 듯 표정관리를 한다.

(시간 경과)
책상에 가만히 앉아 있는 명은.
앞에는 회장이 애란과 웃으며 대화를 나누고 있다.
쓰레기통에는 먹지 않고 버린 바나나 때문에 파리가 날린다.
'비밀 우체통'이 툭하고 떨어진다.
하지만 아무도 떨어진 우체통을 줍지 않는다.
명은은 고개를 돌려 '우리 반 작은 도서관'이라고
이름 붙여진 책장을 본다.

책장 앞에는 더러운 대걸레가 세워져 있다.

애란   오늘 쓰레기 당번 누구지?

          쓰레기통에 파리가 날리는데 저거 안 치울래?

당번   네에.

회장   선생님. 오늘 애네 둘 생일인데…

애란   어머, 그래? (게시판의 생일 표를 보며)

          반장, 오늘 저 둘이 생일인 거 몰랐어?

명은   …

애란   찬호랑 하성이, 선생님도 까먹어서 미안해.

          그럼 다 같이 생일 축하 노래 불러줄까?

명은만 빼고 아이들, 생일 축하 노래 부른다.

애란   롤링 페이퍼는 가기 전에 써서 생일인 친구들에게

          줄 수 있도록 하자. 그럼 반장, 인사하자.

명은   (회장에게) 니가 해.

회장   내가? 왜?

명은   그냥 니가 해.

아이들의 시선이 모두 명은에게로 쏠린다.

순간 착 가라앉는 무거운 분위기.

애란	(정색하며) 이명은. 왜 반장의 역할을 회장에게 넘기지?
명은	⋯
애란	응?
명은	⋯ 저 반장 안 할 거예요.

말이 끝나기가 무섭게 얼굴이 일그러지며 터져나오는 눈물.
명은, 엉엉 울어버린다. 그것도 아주 서럽게.

(시간 경과)
애란과 명은, 단둘이 교실에 남아 있다.

애란	명은아, 뭐가 힘들었는지 선생님한테 이야기해줄 수 있어?

퉁퉁 부은 눈의 명은,
애란의 손목에 채워진 새 시계를 보곤 눈빛이 차갑게 식는다.
그때 애란이 명은의 이마에 내려온 머리칼을 넘겨준다.

애란	응?
명은	(마음이 조금은 풀리는) ⋯ 잘하고 싶은데⋯ 잘할 수 있는데⋯

(눈물을 훔친다) 그냥 다 너무 힘들어요…

애란 구체적으로 뭐가 명은이를 힘들게 하는지
말해줄래?

선생님이 도울게.

명은 (어떻게 말해야 할까… 진짜를 말해야 할까…)

그냥… 외할머니가 아프셔서,

엄마가 다른 엄마들처럼 학교에 오지 못하는 게…

애란 아아… 부모님이 학교에 오시는 것은 전혀 중요한
게 아니야.

우리의 학교생활은 우리가 직접 만들어나가는 거지,

부모님이 학교에 다니는 게 아니니까.

선생님이 생각할 때는 명은이가 반장으로서 많은
것을 변화시켰고,

명은이가 남들은 보지 못하는 곳 구석구석을

세심하게 살피고 볼 줄 아는 그런 섬세함이 참

대견하다고 생각해.

앞으로 명은이가 계속해서 반장의 역할을

잘해주었으면 좋겠는데, 그럴 수 있을까?

명은 (고개를 끄덕인다)

애란 그리고… ('교내 환경보전 글짓기 대회' 공모 종이를
보여주며) 글짓기 대회에 한번 나가보지 않을래?

평소에 명은이의 감성과 섬세함이 남다르다고

생각했거든. 어때?

명은   네에… 좋아요…

40. 문구점 안 (낮)

문구점으로 들어오는 명은.

아줌마는 원고지에 글을 쓰고 있다.

아줌마는 명은이의 통통 부은 눈을 가만히 볼 뿐,

사정을 묻진 않는다.

명은   (아줌마의 원고지를 가리키며) 이거 주세요.

아줌마   몇 개?

명은   두 개만요… 뭘 쓰세요?

아줌마   그냥 수필.

명은   무슨 수필이요?

아줌마   어릴 적 이야기. 맨날 봤지만, 어른이 돼서야 알게

        된 것들.

명은   (이해하지 못하는 표정)

아줌마   나중에 크면 알게 될 거야.

명은   저는 선생님이 저한테 섬세함과 감성이 남다르다고,

        글짓기 대회에 나가보라고 하셨어요.

| 아줌마 | 이야~ 진짜? 칭찬도 듣고 좋겠다. |

명은은 선물 코너를 구경한다.

명은	(예전에 탈락시켰던 손수건을 가져오며 원고지 살 돈만
	내놓는다)
	이거 선생님께 꼭 드리고 싶은데 외상해주시면 안
	돼요? 내일 꼭 드릴게요.
아줌마	그러시오~

41. 명은 방 (밤)

명은의 앞에는 금색 포장 꽃이 달린 선물과 편지가 놓여 있다.
연필을 들고 텅 빈 원고지를 바라보는 명은.
아무리 생각해도 뭐라고 써야 할지 모르겠다.

42. 서점 (밤)

서가 구석에 쪼그려 앉아 '환경'에 관한 책을 살펴보는 명은.
바다 오염으로 인해 물고기가 떼로 죽어 있는 사진.

환경오염의 심각성을 느끼듯 인상을 팍 쓰고 입술을 깨무는 명은.

옆에서 또각또각 구두 소리가 들린다.

고개를 들어보면 회장 엄마다.

명은　　　안녕하세요.

회장 엄마　　명은이구나.

회장 엄마, 찾는 책이 없는지 앉았다 일어났다 하며 서가를 살핀다.

그러다 명은이 옆에 쌓아놓은 책들을 발견하곤

회장 엄마　　혹시 그거 다 읽을 거니?

명은　　　(경계) 네.

회장 엄마　　그럼 잠깐만 봐도 될까?

명은　　　(마지못해) 네…

회장 엄마, 명은 옆에 쪼그려 앉아 책들을 살펴본다.

회장 엄마를 힐끗 살피는 명은.

우아하게 드라이한 머리, 곱게 화장한 얼굴,

매니큐어 바른 손톱, 굽 있는 구두…

그러다 회장 엄마의 겨드랑이에 끼어 있는

우울증 치료책을 발견한다.

명은	… 원하시는 책 먼저 고르세요.
회장 엄마	그래도 돼?
명은	네.
회장 엄마	그래도 명은이가 꼭 봐야 하는 책이 뭐야? 그건 빼고 고를게.
명은	괜찮아요.
회장 엄마	음…

회장 엄마, 책을 골라본다.

그러다 문득 고개를 들고…

회장 엄마	명은이는 듣던 대로 배울 게 많은 반장이구나.

명은, 예상치 못한 칭찬에 얼어붙는다.

잠시 뒤, 책을 들고 계산대로 가는 회장 엄마.

회장 엄마	원고지 두 개만 주세요.

43. 명은 집 부엌 (밤)

설거지를 하는 경희.

생선을 구운 식용유를 그냥 하수구에 버린다.

명은   엄마, 이걸 그냥 버리면 어떡해! 바다 오염되잖아!

경희   아, 됐어.

명은   (짜증) 안 돼, 엄마아!!

경희, 음식물 쓰레기를 일반 봉투에 넣는다.

봉투엔 이미 플라스틱, 캔 할 것 없이

분리수거를 하지 않고 막 쑤셔넣었다.

명은   이거 분리수거해야지. 이렇게 막 넣으면 어떡해!

경희   냅둬.

명은   안 돼. 분리수거해야 한다니까.

경희   피곤해 죽겠는데 와서 잔소리할래?

명은   (봉투에서 재활용 쓰레기를 하나씩 꺼낸다)

경희   (소리 지르는) 냅두라니까!

명은   (싱크대 서랍들을 열며) 우리 종량제 봉투도 없지?

경희   (거품 묻은 손으로 명은의 등짝을 찰싹 때리며) 야!

명은   아, 왜 이렇게 막살아!!

44. 슈퍼 앞 언덕길 (밤)

슈퍼에서 종량제 봉투를 사서 나오는 명은.
한숨을 쉬며 언덕길을 오른다.

명은(소리)   들을 수 있었습니다.

45. 동네 언덕길 (낮)

걷다가 문득 고개를 들어 하늘을 바라보는 명은.

명은(소리)   자동차와 공장 굴뚝에서 시커먼 매연이 뭉게뭉게
                 나올 때, 목구멍이 따가워 신음하는 하늘의 기침
                 소리를.

다시 고개를 내려 골목에 버려진 쓰레기들을
자세히 오래 바라본다.

명은(소리)   어제는 선택을 받고, 오늘은 버림을 받은
                 초라한 쓰레기들이 토해내는 서글픈 울음소리를.

46. 학교 도서관 (낮)

도서관 안에는 명은뿐이다.

넓은 책상에 어질러진 각종 자료들.

직접 찍은 사진, 구입한 책, 빌린 책, 메모들…

국어사전에서 '서글프다'란 단어를 찾는 명은.

명은(소리) 배 속에 노오란 기름과 하얀 거품으로 가득 찬

물고기들의 죽어가는 거친 숨소리를.

우리 모두는 들을 수 있었습니다.

47. 명은 방 (밤)

밖에서는 씻는 소리, 요리하는 소리, TV 소리가 부산스럽다.

원고지에 글을 옮기는 명은.

명은(소리) 하지만 이제 들리지 않는 것을 보니,

필시 사람도 병에 걸렸나봅니다.

48. 명은 집 부엌 (밤)

부엌에서 쓸쓸히 쓰레기들을 분리수거하는 명은.

명은(소리)　　그것은 바로 '무관심'이라는 병입니다.

49. 교실 (아침)

앞으로 나가 상장을 받는 회장을
허탈하게 바라보는 명은.

애란　　　　장려상. 5학년 7반 권경수.
　　　　　　위 어린이는 교내 환경보전 글짓기 대회에서
　　　　　　두서와 같은 성적을 거두었으므로 이 상장을 주어
　　　　　　칭찬함.
　　　　　　1996년 4월 15일. 은남 초등학교장 윤남식.

아이들, 박수 친다.
명은도 힘없이 박수 친다.

애란　　　　다음 우수상. 5학년 7반 이명은.

명은, 본인 이름의 호명에 얼떨떨하다.

친구들의 환호에 떠밀려 앞으로 나간다.

50. 운동장 (낮)

상장을 들고 운동장을 달리는 명은.

명은의 얼굴은 싱글벙글하다.

명은, 교문 앞 회장 엄마와 인사를 나눈다.

명은   안녕하세요!

회장 엄마   응, 그래! 명은이 상 받았니?

명은   네…

회장 엄마   와, 정말 축하해!

명은   경수도 받았어요.

회장 엄마   그렇구나~

51. 시장 젓갈 가게 (낮)

성호는 누워 자고 있고, 경희는 싸구려 크림빵을 먹고 있다.

명은   엄마 아빠, 나 상 탔어!

입에 크림을 묻힌 경희는 명은의 상장을 받아서 본다.

경희   이야~ 글짓기상이네! 봐봐 여보, 우수상이야!

상장에 경희 손의 빨간 물이 묻는다.

경희   어머, 어떡하냐?
명은   (애써) 괜찮아.

경희, 어떻게든 닦아보려 한다.
성호도 일어나 상장을 본다.

성호   겨우 우수상이야? 최우수상을 타야지.
명은   글짓기 학원도 안 다니고 처음으로 글을 써본 건데,
           상 탄 것만으로도 대단한 거지.
성호   그러니까 다음엔 최우수상 타~ 알았지?
명은   (대답 안 한다)
성호   그럼 오늘 상 탄 기념으로 고기 먹자.
           오빠하고 이따 9시까지 맨날 가던 데로 와.

52. 고깃집 안 (밤)

어지럽게 놓인 손님의 신발들 사이로

우뚝 솟아오른 경희의 흰 장화가 눈에 띈다.

땀을 뻘뻘 흘리며 열심히 먹는 명은의 가족.

회장 엄마가 지인들과 단체로 들어온다.

명은, 회장 엄마와 눈이 마주친다.

얼른 고개를 숙이는 명은.

성호   다 먹었으면 일어나자.

민규   아빠, 아이스크림 먹을 거야?

성호   응.

민규   엄마도?

경희   난 바닐라 맛.

민규   아빠는?

성호   아무거나 가져와.

명은, 먼저 벌떡 일어난다.

명은   난 화장실 좀.

하며, 명은은 먼저 신발들 쪽으로 간다.

회장 엄마   저기, 명은아!

명은은 들은 척하지 않고,
신발을 신고 그대로 밖으로 나가버린다.

53. 교실 (낮)

영어로 펜팔 편지를 쓰고 있는 명은과 친구들.
'My hobby is reading a book…'

명은   취미는 됐고…

회장이 명은에게 다가온다.

회장   어제 우리 엄마가 너네 가족 봤대.
명은   (올 것이 왔구나…) 말 시키지 마. 나 이거 쓰느라
             바빠.
회장   너희 부모님 시장에서 일해?

명은의 친구들, 쓰던 걸 멈추고 일제히 고개를 든다.

명은	취미 다음에 뭐 쓰지? 너네 뭐 썼어?

하며, 명은은 아무렇지 않은 척 친구들의 관심을 돌리려 한다.

회장	우리 엄마가 너한테 아는 척했는데,
	넌 봤으면서도 인사도 안 했다는데?
명은	날 어디서 봤는데?
회장	고깃집.
명은	아니네. 난 어제 하루 종일 집에 있었거든.
	그리고 웬 시장? 우리 아빠는 회사 다니는데?
	엄마는 가정주부고.
회장	아, 종이 회사? 그럼 우리 엄마가 거짓말했다고?
명은	잘못 봤나보지.
회장	참나… 그럼 가서 너 아냐고 물어볼게. 거기가
	어딘지 알거든.
명은	물어보든지. 아마 헛수고일 텐데?

회장, 자리로 돌아가려는데

명은	근데, 너 아니면 어쩔래?
회장	(돌아서는) 뭐?
명은	(도전적인 눈빛) 내가 아니라는 증거를 대면 어쩔래?

54. 명은 집 안방 (낮)

장롱 서랍, 화장대 서랍, 항아리 안, 바구니 안 할 것 없이
분주하게 뒤지는 명은.
부모님께 선물로 주었지만 무용지물이 된 넥타이핀과 브로치,
머리띠를 발견한다.
먼지를 후후 불고, 깨끗이 닦는다.
브로치는 흠집이 있어, 도로 서랍에 넣는다.

55. 강남 빌딩 앞 (낮)

주말이라 평일보다는 한산한 회사 앞거리.
명은은 대리석 벤치에 앉아
드문드문 회사 건물을 오가는 사람들을 관찰한다.
커다란 키, 잘생긴 얼굴, 정장에 넥타이, 서류 가방을 든
30대 남자가 건물에서 나온다.
일어나 남자에게 다가가는 명은.

명은　　　　안녕하세요. 제가 학교 숙제로 직업 조사를 하는
　　　　　　　것이 있는데요,
　　　　　　　잠깐만 인터뷰를 해주실 수 있으실까요?

남사원	미안. 내가 바빠서.
명은	네에, 감사합니다.

그 뒤로 명은은 몇 번이나 회사원들에게 부탁하지만
번번이 거절을 당한다.
처음 봤던 남자가 뒤에서 명은의 어깨를 툭툭 친다.

남사원	아직도 못 찾았어?
명은	네에.
남사원	주말이기도 하고, 아마 다들 안 해줄 거야.

56. 회사 사무실 (낮)

도시적이고 세련된 사무실 내부.
널찍한 사무실엔 추가 근무를 하러 나온
두 사원의 자리에만 불이 켜져 있다.
남사원과 마주 앉아 인터뷰 중인 명은.
수첩에 메모해온 질문을 읽는다.

명은	그러면 어릴 적부터 꿈이 회사원이셨나요?
남사원	아니, 어릴 적 꿈은 과학자였어.

어떻게 하다보니 자연스럽게 회사원이 됐네.

명은   그럼 회사원이 돼서 가장 뿌듯하실 때는 언제예요?

남사원   음… 음… (한참을 창 쪽을 바라보다가)

          아까 엘리베이터 타고 올라올 때 어땠어?

명은   재밌었어요.

남사원   아마 그럴 때 뿌듯하겠지? 여긴 엘리베이터를

          만드는 회사니까.

          아, 이걸 더 쉽게 정리해서 말해줘야겠지?

          숙제니까.

명은   괜찮아요. 이해했어요.

남사원   그래?

명은   네. 마지막으로 회사원이 되고 싶은 어린이들에게

          해주고 싶은 조언이 있다면요?

남사원   명은? 명은이 맞지?

명은   네.

남사원   명은이는 꿈이 뭐야?

명은   4학년 때까지 꿈은 솔직히 개그맨이었는데, 지금은

          아니고,

          음… (하며, 명은은 아까의 남사원처럼 창밖을 바라본다)

(시간 경과)

남사원이 컴퓨터 앞에 앉아 일하는 모습을 사진기로 찍는 명은.

명은   (다른 자리의 여사원에게) 저희 좀 찍어주실 수
있어요?

여사원은 흔쾌히 일어나 두 사람의 사진을 찍어준다.

명은   (여사원에게) 감사합니다.
                 (남사원에게) 제가 감사의 표시로 선물을
준비했는데요.

남사원   그런 건 괜찮은데…

명은은 손바닥만 한 선물상자를 남사원에게 건넨다.
남사원, 선물을 뜯어본다. 넥타이핀이다.

남사원   (미소) 우와.

여사원   (구경) 어머, 예쁘다.

명은은 두 사람의 반응을 보고 뿌듯해한다.
남사원은 넥타이핀을 넥타이에 꽂는다.

남사원   이런 선물도 다 받고… 고마워. 잘 하고 다닐게.

(시간 경과)

명은, 사무실을 나선다.

남사원이 배웅한다.

명은, 여사원의 자리로 간다.

새콤달콤 세 개를 여사원의 책상에 놓는 명은.

업무를 보던 여사원, 돌아본다.

명은　　　　감사합니다.

여사원　　　고마워. 잘 먹을게.

57. 옛 소꿉친구 집 (낮)

초인종을 누르는 명은.

잠시 뒤, 문이 열리면 소꿉친구가 나온다.

소꿉친구　　　하이!

명은　　　　하이!

명은, 집 안으로 들어간다.

명은　　　　안녕하세요!

가정주부의 면모가 물씬 풍기는 친구의 엄마가 얼핏 보인다.

문이 닫힌다.

친구 엄마   명은이 정말 오랜만이다!

58. 교실 (아침)

명은이 연출한 가족 앨범을 구경하는 친구들.

사진 옆엔 '주말에 아빠 회사에 간 날'

'엄마가 미싱 하는 모습' '엄마가 쿠키를 굽는 모습'

'내가 생일 선물로 준 머리띠를 한 엄마'

라고 써진 명은의 메모가 보인다.

눈앞의 증거에 아무런 말도 하지 못하는 회장.

당당한 표정의 명은.

59. 학교 복도 (아침)

교실 쪽으로 걸어오는 전학 온 두 자매, 혜진과 하얀.

혜진은 허리까지 오는 생머리에 세련된 외모를 지녀

도시적인 느낌을 풍기고,

하얀은 길고 부스스한 머리에 안경을 써

작가적인 느낌이 풍긴다.

둘 다 쉽게 범접할 수 없는 '포스'다.

교장 선생님과 하얀의 반 담임 선생님이

각각 혜진과 하얀의 옆에서 걷는다.

60. 교실 (아침)

교장 선생님이 혜진과 함께 들어온다.

교장 선생님   오늘 서울에서 새로운 전학생이 온다는 건

선생님한테 들었지?

아이들   (영문 모르는 얼굴들) 아니요.

교장 선생님   (당황하지만 넘어가는. 혜진에게)

그럼 친구들에게 자기소개를 해볼까?

혜진   난 김혜진이라고 해.

교장 선생님   더 할 말 없니? 친구들에게 하고 싶은 말이라든가…

혜진   전학 많이 다녀봤는데, 그런 건 필요 없더라고요.

교장 선생님   그래. 차차 친해지면 되지.

앞으로 여러분들이 혜진이가 모르는 것 있으면 많이

도와주고.

참, 특이하게 혜진이의 자매도 함께 전학을 와서 옆 반으로 갔어.

회장   자맨데 어떻게 같은 학년이에요?

교장 선생님   이란성 쌍둥이라고 다들 아니?

그때, 애란이 서둘러 들어온다.

교장 선생님을 보고 난처한 표정.

교장 선생님   오늘 몸도 안 좋은데 쉬시라니까.

애란   (연기력이 늘었다. 콜록콜록) 아, 네. 괜찮습니다…

교장 선생님   전학생 소개는 했고, 자리만 알려주세요.

애란   예…

교장 선생님은 나간다.

애란   혜진이는 저기 맨 뒤에 있는 빈자리로 가서 앉을까?

혜진은 씨름부 아이의 옆자리로 가서 앉는다.

애란   그럼 반장, 인사하자.

명은은 혜진이 보란 듯이 평소보다도 힘차게 인사를 한다.

명은   차렷! 열중쉬어! 차렷!

(시간 경과)

아이들은 고장의 지도를 보고서 유인물에

'교통수단과 관련된 장소' '필요한 물건을 얻을 수 있는 장소'

'사람들에게 도움을 주는 장소' '사람들을 즐겁게 해주는 장소'

를 찾아 적는다.

애란   우리 부모님이 우리 고장에서 일한다, 손 들어봐.

아이들의 3분의 2가 손을 든다.

명은은 손을 들지 않는다.

발표생1(찬호) 저희 아빠는 사람들에게 도움을 주는 장소인

            AS 서비스 센터에서 일하시고요,

            엄마는 필요한 물건을 얻을 수 있는 백화점에서

            일하세요.

발표생2(하윤) 저희 아빠는 사람들에게 도움을 주는 장소인

            대학교에서 일하시고요,

            저희 엄마도 사람들에게 도움을 주는 보건소에서

            일하세요.

발표생3(하성) 저희 엄마 아빠는 필요한 물건을 얻을 수 있기도

하고, 사람들을 즐겁게 해주기도 하는 슈퍼에서
일하세요.

혜진이 일어난다.
모두의 이목이 집중된다.

혜진　　　　저희 아빠는, 없고요.

혜진의 말에 아이들 서로 시선을 주고받는다.

혜진　　　　저희 엄마는 사람들을 즐겁게 해주는 아가씨
골목에서 사장님을 하세요.

아이들, 매우 충격받은 얼굴들.
애란도 당황한다.
정작 혜진은 아무렇지 않은 당당한 표정.

(시간 경과)
점심시간.
명은과 친구들, 도시락을 먹고 있다.
회장이 창가 쪽으로 다가간다.

회장   뭐야 쟤네. 또라이들이네.

아이들, 창밖을 보면

혜진과 하얀이 나무 아래에 앉아

컵라면과 김밥을 먹으며 소풍 온 듯이 깔깔대고 있다.

61. 학교 복도 게시판 (낮)

'교내 평화 글짓기 대회' 공모가 붙은 게시판을 바라보고 있는 명은.

옆을 보면 수첩에 공모요강을 적고 있는 혜진.

명은은 경계의 눈빛을 띠며, 자리를 떠난다.

62. 교실 (낮)

'비밀 우체통'의 쪽지를 하나하나 펴보는 명은.

모두 자기가 썼기 때문에 설렁설렁 보고는 다음 쪽지로 넘어간다.

가려져 있던 하트 모양의 쪽지를 발견하는 명은.

혜진이 쓰던 수첩과 같은 디자인의 종이다.

명은, 쪽지를 펴본다. 예쁜 글씨로 쓴 내용.

'우리 반에 작은 도서관이 있지만 안타깝게도

책을 읽는 친구는 아무도 없네요…

그럼 이미 책을 읽은 친구가 왜 이 책이 재미있는지

추천의 이유를 써서 책 앞에 붙이거나,

게시판에 책 소개란을 붙이면 어떨까요?

그럼 책을 안 읽던 아이들도 흥미를 가지게 될지도 모르니까요!'

명은은 혜진의 쪽지를 주머니에 구겨넣는다.

63. 학교 도서관 (낮)

명은이 도서관에 들어온다.

혜진과 하얀이 나란히 앉아서 소설책을 읽고 있다.

명은은 잠시 주춤하더니, 쌩하고 서가 쪽으로 들어간다.

(시간 경과)

명은은 '평화'와 관련된 책들을 들고,

보란 듯이 두 사람의 맞은편에 앉는다.

보란 듯이 원고지를 펴고, 보란 듯이 연필을 깎고,

보란 듯이 책을 펴서 읽기 시작하는 명은.

혜진과 하얀은 명은의 보여주기 식 쇼에도 아랑곳하지 않고

집중해서 책을 읽고 있다.

책장을 빠르게 넘기는 혜진과 하얀이 거슬리는 명은.

명은도 지지 않고 책장을 빠르게 넘긴다.

(시간 경과)

사서 교사　얘들아, 이제 끝날 시간이야.

세 사람, 일어나 빌릴 책을 들고 줄을 선다.
혜진과 하얀은 소설책 하나씩만 빌려서 나간다.
그에 반해 탑을 쌓아 책을 들고 온 명은.

64. 통일전망대 (낮)

망원경으로 북한 땅을 바라보는 명은.

해설사　남한과 북한은 아주 가까워요.
　　　　　잘 보면 농사짓는 북한 주민의 모습을 볼 수도
　　　　　있어요.
　　　　　우리랑 다른 모습이 아닌 똑같은 모습이라는 걸 알
　　　　　수 있지요.

65. 통일안보공원 (낮)

계단에 앉아 음료수를 한 모금 마시곤,

글을 쓰기 시작하는 명은.

바람이 불어온다.

명은은 한 명의 고독한 작가처럼,

바람을 견디며 제 모습에 취해 글을 쓴다.

가끔씩 고개를 들어 뭐라고 쓸지를 생각하다가,

또 미친 듯이 적다가를 반복한다.

66. 명은 집 거실 (밤)

둘러앉아 밥을 먹는 가족.

밥상 위에는 오징어탕이 올라와 있다.

감기에 걸려 코를 훌쩍이면서도 씩씩거리며 오징어탕을 먹는 명은.

명은	아 맛있다. 진짜 맛있다. 완전 얼큰해. 이야~
경희	쓸데없이 왜 통일을 하려고 지랄이야. 할 일 드럽게 없나보네.
성호	통일 안 돼. 어떻게 되냐, 이제 와서.
민규	통일되면 우리나라만 손해래.

명은, '그냥 상종을 말자'라는 듯 말없이 고개만 절레절레 젓는다.

대신에… 가족을 비웃기라도 하듯 생뚱맞게

명은   아 너무 맛있다. 오징어탕이 난 세상에서 제일

                맛있어.

67. 운동장 (아침)

애국조회 시간.

묵념하는 명은.

교장 선생님   자, 다음으로는 교내 평화 글짓기 대회 시상식이

                있겠어요.

                올해에는 다른 해보다 깜짝 놀랄 만한 수준 높은

                작품들이 아주 많이 있어서 심사위원 선생님들이

                선정하기가 참 힘들었어요.

                장려상은 세 명이에요. 장려상, 2학년 3반 윤숙미,

                3학년 9반 박인수, 4학년 1반 김희영.

                다음으로 우수상은 두 명이에요.

                5학년 7반 이명은. 6학년 6반 안성준.

이름 불린 아이들, 구령대로 달려간다.

명은도 구령대로 달려간다.

교장 선생님　마지막으로 대망의 최우수상 발표만이 남았는데,

이번 최우수상은 놀랍게도 6학년이 아닌 5학년에서

나왔어요.

그리고 특이하게 한 명이 아닌 한 팀이에요.

브론테 자매도 각각 《폭풍의 언덕》과 《제인 에어》를

써서 유명해졌죠.

하지만 같이 쓰지는 않았습니다.

자, 5학년 7반의 김혜진! 5학년 8반의 김하얀!

최우수상의 호명에 명은의 표정은 어두워진다.

(시간 경과)

상장을 들고 있는 일곱 명의 수상자들.

그 속에 명은, 혜진, 하얀도 보인다.

2학년이 먼저 마이크 앞으로 온다.

마이크의 높이를 잡아주는 교장 선생님.

2학년　　　제목 – 평화통일을 이루자.

(시간 경과)

마이크 앞에 서서 떨리는 목소리로 글을 읽기 시작하는 명은.

명은   제목- 통일도 한 걸음부터.

              우리 집 가훈은 천릿길도 한 걸음부터입니다.

민규, 어이없다는 표정.

명은   부모님께서는 항상 제게 말씀하셨습니다.

              아무리 큰일이라도 그 첫 시작은 작은 일로부터

              비롯되는 것이니,

              지레 겁먹지 말고 일단 시작을 하는 것이

              중요하다고 말입니다.

              남한과 북한은 1950년 6·25전쟁이 일어나고

              1953년 휴전협정을 맺은 이래 43년간 휴전

              상태입니다.

              43년은 제가 약 네 번은 다시 태어날 수 있는 매우

              긴 시간입니다.

하품하는 아이들.

명은   이렇듯 통일은 계란으로 바위 치듯 매우 거대하고

불가능해 보이는 꿈일지도 모릅니다. 하지만 저는
더 이상 주저하지 않고,
그 어려운 한 걸음을 떼어보기로 했습니다.
그 첫걸음은 바로 '관심'이었습니다.
일단 관심을 갖게 되면, 몰랐던 문제를 발견하고
해결할 수 있습니다.
하지만 관심조차 갖지 않으면, 문제는 쓰레기처럼
방치될 뿐입니다.
통일이 되지 않아도 우리나라 사람들은 잘만 사는데,
왜 굳이 통일이 되어야 할까요?
저는 이 문제에 관심을 갖고, 답을 찾기 위해서
일요일 아침에 TV 만화를 보는 대신에
북한 땅이 보이는 통일전망대에 다녀왔습니다.

(시간 경과)

교장 선생님   직접 통일전망대까지 가서 '통일도 한 걸음부터'라는
평화통일의 중요성을 느끼고 돌아온 이명은 학생,
아주 기특하고 대견합니다.
그럼 다음으로 최우수상을 받은 김혜진, 김하얀
학생의 글을 들어보도록 하지요.

혜진과 하얀, 마이크 앞으로 온다.

혜진   제목– 점심시간.

              우리 자매에게 있어 평화는 점심시간이다.

지루해하던 아이들, 일상의 이야기에 이목이 집중된다.

혜진   학교를 전학 갈 때마다 귓가에 들려오는

              수군대는 소리는 소리 없는 공격.

              우리의 작디작은 심장엔 커다란 구멍들이 생겼다.

              더 어릴 적 우리는 매일매일을 전쟁하며 살았다.

              전쟁의 이유는 부모님의 이혼과 엄마의 직업.

              우리는 전학을 다니며 이름도 모르는 친구들과

              매일 전쟁을 했고, 매일 보이지 않는 총알을 맞았고,

              매일 피를 흘렸다.

아이들, 반성하는 눈빛들.

혜진   하지만 우리는 더 이상 싸우지 않는다.

              선생님의 중재에 따라 억지로 화해하려고도 하지

              않는다.

              왜냐하면 또다시 싸울 테니까.

왜 꼭 억지로 통일을 해야만 하는가?

대신해 우리만의 평화를 어떻게 아름답게 가꿀지를
계획한다.

이제부터 이 원고지엔 우리만의 평화에 대해
써보려고 한다.

68. 운동장 (낮)

줄넘기를 가지고 림보를 하는 아이들.

혜진이 유연한 몸으로 림보를 통과하자, 아이들 칭찬한다.

의식적으로 혜진에게 먼저 말도 걸고 간식도 주는 아이들.

혜진도 꺄르르 웃으며 아이들과 잘 섞여 논다.

유일하게 혜진에게 말 걸지 않는 명은.

다른 한쪽에서 피구를 하던 6학년 민규네 반에서 싸우는 소리가 난다.

명은이네 반이 그쪽을 보면, 민규가 친구와 몸싸움을 벌이고 있다.

민규　　　니가 뭔데 우리 부모님 가지고 지랄이야. 그지
　　　　　　새끼가.

명은은 아이들이 자기 오빠임을 알아볼까 싶어,

얼른 시선을 돌리려 한다.

명은   애들아, 신경 쓰지 말고 하던 거 하자.

유나   야, 니네 오빠잖아!

아이들은 명은의 말을 무시하고 싸움 구경을 한다.

명은   야! 니네들 내 말 들으라고 했지? 이쪽으로 안 와?

민규   우리 부모님이 시장에서…

명은, 아이들의 시선을 돌리려 유나를 밀쳐낸다.

유나   아 왜 밀어!

명은   내가 몇 번 말해! 너 왜 반장 말을 안 듣냐!!

유나, 명은을 밀친다.

명은, 넘어진다.

유나와 명은, 머리를 잡고 싸운다.

그 덕에 명은의 반 아이들의 시선이 모두 명은 쪽으로 넘어온다.

69. 학교 화장실 (낮)

거울 앞의 명은,

관자놀이에 할퀸 자국과 팔꿈치의 상처를 살펴본다.

세면대에 침을 뱉으면 피가 섞여 나온다.

70. 시장 젓갈 가게 (낮)

성호 또 우수상이야?

명은 이것도 대단한 거지.

오늘 조회 때 전교생이 보는 앞에서 읽었다?

경희 이렇게 하고 갔어?

(명은의 머리를 묶으며) 넌 머리를 꽉 쫌매야

이쁘다니까.

명은 (피한다)

성호 이따 9시에 고깃집으로 와.

명은 … 그냥 집에서 삼겹살 구워 먹자.

경희 아우 귀찮아. 그냥 가서 먹어.

명은 싫어. 집에서 먹고 싶어.

71. 명은 집 거실 (밤)

삼겹살이 세팅된 밥상 위.

성호가 화난 얼굴로 민규를 다그치고 있다.

성호 그러니까 왜 싸웠냐고?

경희 (차분히 달랜다) 왜 그랬는데.

민규 그냥 피구 하다가 말도 안 되게 우겨서 그랬어.

성호 깡패 될래? 그런다고 치고받고 싸우면 그게 깡패지 뭐야?

민규 그럼 말도 안 되게 우기는데 가만히 있어?

성호 선생님한테 말하면 되지!

민규 모르면 좀 가만히 있어요.

성호, 민규의 머리를 내리친다.

성호 아빠가 뭘 몰라? 어? 뭘 몰라?

민규, 자리를 박차고 집을 나간다.

72. 명은 집 거실 (밤)

명은, 방에서 나온다.

현관을 보면 오빠의 운동화가 놓여 있다.

내심 안도하는 표정.

다시 방으로 들어가려던 명은,

오빠의 방에서 새어나오는 소리에 멈춰 선다.

민규(소리)　　난 엄마가 자랑스러워. 그리고 정말 대단하다고

　　　　　　생각해.

　　　　　　다른 엄마 아빠들보다.

경희(소리)　　엄마도 첫째지만 첫째는 생각하는 게 달라.

　　　　　　넌 날 닮고, 명은이는 하나부터 열까지 지 아빠를

　　　　　　닮았어.

　　　　　　맨날 돈 쓰는 거, 삐치고 신경질 내는 거, 나쁜

　　　　　　버릇만 똑같아.

　　　　　　걔가 날 닮은 건 피부색밖에 없어.

명은, 발소리 들리지 않게 조용히 방으로 들어간다.

73. 교실 (낮)

수업이 끝난 뒤,

애란과 함께 '비밀 우체통' 쪽지를 검토하고 있는 명은.

그때, 혜진이 교실로 들어온다.

애란	혜진아, 왜?
혜진	이상한 게 있어서요.
애란	뭐가?
혜진	제가 지금까지 사연을 엄청 많이 썼는데, 한 번도 이루어진 게 없어서요.
애란	그래?

혜진, 책상 위에 퍼져 있는 쪽지들을 본다.

혜진	오늘도 넣었는데… 역시나 없네요…

하며, 의심의 눈초리로 명은을 보는 혜진.

명은도 혜진의 눈을 피하지 않고 쳐다보지만,

그 눈빛은 미세하게 떨린다.

(시간 경과)

애란, 명은에게 무어라 말하고 있다.

명은, 고개를 푹 숙이고 있다.

74. 명은 집 거실/명은 방 (낮)

녹초가 되어 집으로 돌아온 명은.

그런데 자신의 방문이 열려 있다.

다가가 보면, 민규가 명은의 일기장이며 앨범이며

다 들추어내고 있다.

(시간 경과)

명은은 의자에 등을 보이고 앉았다.

민규   지금 니가 입고 있는 옷, 니가 먹는 밥, 니가 쓰고
           있는 학용품, 니가 사는 이 집 다 누가 해준 거냐?

명은   부모님이…

민규   그런데 이따위 거짓말을 해? 어? 엄마 아빠가
           창피해?
           어디서 가짜 가족을 만들어!

하며, 미니 앨범의 사진을 꺼내 다 찢는다.

그러곤 앨범을 던진다.

민규   너 그때 고깃집에서 도망간 거 엄마 아빠가 모를 줄
           알아?
명은   (전혀 알지 못했던) …
민규   엄마 아빠가 바본 줄 알아?
명은   (자신도 모르게 눈물 뚝뚝)

75. 명은 집 거실 (밤)

둘러앉아 어제 못 먹은 삼겹살을 구워 먹는 가족.
차마 얼굴을 들지 못하는 명은과 달리
여느 때처럼 태연한 성호와 경희.
모든 상황을 알고 있는 중간의 민규.
TV에서는 아프리카 기아 아동을 돕는 프로그램이 나오고 있다.
화면의 오른쪽 하단에는 ARS 번호가 있다.

성호   우리나라 사람이나 챙기지. 맨날 저런 거나
           보여주고.
경희   딴 거나 봐.

성호, 채널을 돌리려 한다.

명은   계속 봐.

성호   저런 걸 뭐 하러 보냐.

성호, 채널을 돌린다.

명은, TV 쪽으로 가 기아 아동 프로그램으로 다시 채널을 돌린다.

성호   뭐 하냐.

명은, 전화기를 들어 ARS 번호를 누른다.

성호   뭐 하냐고.

명은   불쌍한 아이들 도와줄 거야.

경희   끊어. 돈 아깝게.

명은, 아랑곳하지 않고 번호를 누른다.

성호는 와서 명은의 전화기를 뺏는다.

명은   엄마 아빠는 정말 나쁜 사람들이야!

명은, 방으로 들어간다.

76. 명은 방 (밤)

명은, 방에 들어오자마자 참은 눈물을 쏟는다.

명은, 벽에 붙여진 생활계획표와 상장들을 하나둘씩 떼어낸다.

편지와 엽서, 우표, 예쁜 옷들, 일기장, 독후감 노트,

책, 학용품, 비밀 앨범, 인형…

그동안 자신이 쟁취해서 얻었던 것들을 모두 가방에 챙겨넣는다.

77. 교문 (낮)

하교하는 명은의 뒤를 따라오는 민규.

민규　　　야, 이명은.
　　　　　(명은의 가방을 끌어당기며) 좋은 말 할 때 집에
　　　　　들어와라.

정장을 쫙 빼입은 진우가 교문 앞에 서서

진우　　　민규야, 놔둬 그냥.
민규　　　아빠가 집에 데리고 오래.
진우　　　며칠만 우리 집에 있다 갈게.

명은   계속 있을 거야, 나.

민규   미쳤냐?

진우가 명은을 데리고 가려는데,

민규가 명은을 놓지 않는다.

민규   아 진짜, 이제 친삼촌도 아니잖아!

진우   좋은 말 할 때 놔둬라.

진우의 정색에 겁먹은 민규,

명은을 놓고 씩씩대며 가버린다.

78. 기남 아파트 부엌 (낮)

시계는 6시를 가리킨다.

밥을 앞에 두고 기도하는 기남과 진우.

명은도 따라서 기도한다.

기남   먹자.

거실의 TV에는 결손가정의 가슴 아픈 사연이 흘러나오고 있다.

기남	쯧쯧쯧.
명은	할아버지. 나 저기에 전화해도 돼?
기남	마음대로 해.

명은, 전화기로 달려가 번호를 꾹꾹 누른다.

79. 교실 (낮)

수업이 끝나고 교실에 남은 명은과 혜진.
애란은 둘에게 '제15회 가정의 달 기념 성원시 어린이 글짓기 대회'
공모전 공문을 보여준다. 주제는 '가족'이라고 쓰여 있다.

80. 호숫가 (낮)

호숫가를 배경으로 명은의 사진을 찍어주는 진우.
명은은 물 만난 물고기처럼 신이 나서 다양한 포즈를 취해본다.

(시간 경과)
잔디밭에 돗자리를 깔고 누워 진우는 만화책을,
명은은 '제14회 가정의 달 기념 성원시 어린이 글짓기 대회

공모 수상작' 책을 읽고 있다.

명은, 문득 책을 배 위에 올려놓고는 푸른 하늘을 바라본다.

명은   삼촌.

진우   갈래?

명은   (고개 젓는) 가정의 달은 왜 있는 거야?

진우   사람도 1년에 한 번씩은 생일을 축하해주잖아.

            가족도 그런 거지.

            가족이 나이를 먹어나간다는 건 대단한 거니까.

81. 기남 아파트 부엌 (밤)

식탁에서 원고지에 글을 쓰는 명은.

기남은 한참 재밌게 보던 TV를 끈다.

기남   9시에 안 자도 돼?

명은   이거 써야 돼.

기남   그럼 할아버지는 먼저 들어가 잔다.

명은   네, 안녕히 주무세요.

기남   그래.

82. 교실 (낮)

애란에게 원고지를 제출하는 명은.

제목은 'Happy birthday to 가족'이다.

그런데 혜진이 먼저 낸 글의 제목이 범상치 않다.

'우리는 진짜 이란성 쌍둥이가 아닙니다'.

애란   다 썼어?

명은   (엉거주춤)

(시간 경과)

점심시간.

책상에 엎드려 있는 명은.

명은의 친구들, 저희들끼리 낄낄거리며 밥을 먹는다.

83. 운동장 (낮)

명은, 홀로 앉아 혜진이 친구들과 잘 어울려 노는 것을 바라본다.

84. 교실 (낮)

교실로 들어오는 명은.

명은, 자신의 자리로 가 서랍에서 원고지를 꺼낸다.

잠시 뒤, 일어나 선생님 책상 쪽으로 간다.

책상에 앉아 혜진의 원고지를 읽는 명은.

'우리는 진짜 이란성 쌍둥이가 아닙니다'

'그녀들은 사실 친자매가 아니다'

'혜진의 엄마는 아가씨 중 한 명이었다'

'엄마가 아빠랑 이혼한 것이 아니다'

'아빠는 손님이었으며, 얼굴을 한 번도 본 적이 없다'

'그러니까 혜진은 진짜 엄마랑 아빠의 얼굴을 본 적이 없다'

'지금의 엄마는 혜진을 딸처럼 키우고 있지만,

진짜 엄마는 아닌 것이다'…

그때, 교실 쪽으로 누군가 다가오는 소리가 들린다.

명은은 얼떨결에 원고지를 들고 책상 밑으로 숨는다.

혜진이 교실 안으로 들어온다.

명은은 숨을 죽인다.

혜진은 선생님 책상으로 다가와 의자에 앉는다.

그러곤 명은의 원고지를 읽는다.

혜진   애들 밥맛이지 않냐?

명은	…
혜진	돌려가면서 따돌리는 거 진짜 더러워.
	전학 다닌 모든 학교가 다 그랬어.
명은	…
혜진	드림 돈가스 가봤어?
명은	…
혜진	거기 완전 맛있는데.

85. 드림 돈가스 (낮)

명은과 자매, 테이블에 마주 앉았다.

자매는 신발을 벗고서 의자 위에 양반다리를 했다.

각자의 돈가스를 써는 세 사람.

혜진	건배.

세 사람, 포크에 찍은 돈가스로 건배한 뒤 입에 쏘옥 넣는다.

맛에 반한 표정의 명은.

86. 지하상가 액세서리 집 (낮)

우정 귀찌를 고르는 세 사람.

87. 놀이공원 (낮)

깔깔거리며 놀이기구를 타는 세 사람.

88. 운동장 (낮)

점심시간.

혜진, 하얀 자매와 함께 나무 아래에 앉아 도시락을 먹는 명은.

자매의 도시락은 컵라면에 김밥이고,

명은의 도시락은 김밥이 아닌 정성껏 싼 예쁜 도시락이다.

교실 창가에서는 아이들이 이들을 쳐다보고 있다.

명은	(중지를 보여주며) 여기 봐봐.
하얀	왜?
명은	아니. 연필을 너무 많이 쥐어서 굳은살 박일 것 같아.

명은   (중지를 보여주며) 여기 봐봐.
하얀   왜?
명은   아니. 연필을 너무 많이 쥐어서 굳은살 박일 것
            같아.

하얀   우린 그런 거 없는데.

명은, 자매의 손을 보면 깨끗하다.

명은   숙제도 하고, 일기장도 쓰고, 독후감도 쓰고,
              편지도 쓰고, 또 엽서도 쓰고, 또 글짓기도 하니까
              이런가봐.

혜진   아프겠다.

명은   아프진 않아. 그냥 좀 못생겼을 뿐.
              근데, 너넨 글짓기 며칠 동안 준비했어?

하얀   우리? 한 시간?

명은   정말? 어떻게?

혜진   우린 준비 같은 거 안 해.
              그냥 자기 얘기를 솔직하게 하면
              선생님들은 감동받으면서 상을 주거든.
              지금까지 모든 학교가 그랬어.

하얀   맞아. 한 번도 틀린 적이 없었어.

89. 길 (낮)

명은은 생각에 잠겨 하염없이 걷는다.

명은   (읊조리는)

               가족…

               가족…

               가족…

               가족…

               가족…

가게 앞 계단에 앉아,

가방에서 노트와 연필을 꺼내 제목을 적는다.

제목: 손녀로부터 온 편지

명은(소리)   할머니, 저 손녀 명은이에요.

               오늘도 하늘이 티끌 한 점 없이 맑네요.

               가끔씩 문득 할머니가 살고 계신 하늘을 바라보곤

               해요.

               그럴 때마다 항상 할머니가 절 내려다보고 계실

               생각에 얼굴이 화끈거린답니다.

               할머니도 알고 계시죠?

               선생님께 종종 할머니가 아프다고 거짓말을 한 사실

               말이에요.

               거짓말을 할 때마다 할머니께 너무 죄송스러웠어요.

하지만 할머니가 없어서 거짓말을 한 것이

아니에요.

이 세상에 할머니라면 저를 용서해주실 것 같아,

할머니 핑계를 대었어요. 정말 죄송해요…

할머니…

가족은 무엇일까요?

저에게 가족은 물음표예요.

세상엔 수많은 가족의 보기들이 넘쳐나는데,

우리 가족만 보기에 없는 것 같아요.

예를 들면…

90. 명은 집 안방 (새벽)

새벽부터 일어나 나갈 준비를 하는 경희.

일어날 생각을 하지 않는 성호.

명은(소리)　　우리 아빠는 놀기만 좋아하고 게을러요.

91. 명은 집 거실 (낮)

학교에서 돌아온 남매.

그제야 안방에서 나와 집을 나서는 성호.

명은(소리)　　다른 아빠들은 다 바쁘다던데,

92. 시장 식당 (낮)

시장 친구와 술을 마시는 성호.

성호　　　　자기가 다 정해놓고 통보하는 식이라니까.

시장 친구　　성호야. 그래도 마누라 때문에 너 그지 꼴 면하고
　　　　　　　사는 거야.

93. 시장 젓갈 가게 (낮)

명은(소리)　　우리 아빠는 매일 잠만 자고 놀러 다녀요.
　　　　　　　정말 책임감이 없는 것 같아요.

성호　　　　(의욕적으로) 어서 오세요. 뭐 드릴까.

단골	아줌마는 어디 갔어요?
성호	배달 갔어요.
단골	아줌마가 있어야 많이 주는데.

하며, 쌩하고 가려다가, 수레를 끌고 오는 경희를 만난다.

경희	오셨어?
단골	아저씨만 있어서 가려고 했지.

경희와 단골손님, 저희끼리 시시덕거린다.
의욕이 꺾인 성호, 장판 의자에 드러눕는다.

94. 고깃집 안 (밤)

계산대 앞.
지갑에서 돈을 꺼내는 앞의 남자와 달리
주머니에서 현금 뭉치를 꺼내는 성호.

친구들(소리)	성호야 잘 먹었다. / 역시 성호가 통이 커.
명은(소리)	지갑도 없이 돈뭉치를 들고 다니고,

95. 횡단보도 거리 (낮)

갖춰 입은 사람들 속을 걸어가는 후줄근한 성호의 모습.

명은(소리)   양복 대신에 무거운 청바지를 입고 다니고,
           구두 대신에 더러운 운동화를 신고 다녀요.
           서류 가방은 없고요.

길의 다른 쪽, 횡단보도.
장화를 신은 경희, 액젓 통을 어깨에 이고서 신호를 기다린다.

명은(소리)   솔직히 아빠보다 더 창피한 것은 엄마예요.
           모자와 장화를 신고 다니고, 옷은 늘 더럽거든요.
           엄마는 사람들의 시선이 창피하지 않은 걸까요?

횡단보도에 서 있던 명은, 맞은편의 엄마를 발견하곤 뒤돌아 간다.

96. 시장 젓갈 가게 (새벽)

아무도 가게 문을 열지 않는 새벽의 시장.
홀로 가게 문을 여는 경희.

그때- 어슬렁어슬렁 다가오는 수상한 남자.

경희, 수상한 남자를 발견하곤 괜히 안쪽에 대고

경희　　　민규 아빠! 진우야! 나와서 이것 좀 도와줘.

명은(소리)　엄마는 돈밖에 몰라요.

수상한 남자 지나가면, 안도하는 경희.

97. 시장 젓갈 가게 (낮)

냉장고를 닦는 경희.

그걸 지켜보는 경희 친구와 명은.

경희 친구　경희야, 한 번만 부탁할게.

경희　　　(무시한다)

경희 친구　나 친구는 너뿐인 거 알잖아. 도움을 청할 곳이
　　　　　　너밖에 없어.

경희　　　(친구의 고운 손을 들어올려 보인다)
　　　　　　난 너처럼 손톱도 못 기르고 살았어.

가게를 떠나는 경희 친구의 쓸쓸한 뒷모습.

명은(소리)   친구를 위하는 마음도 없고,

98. 할머니 거리 (낮)

경희와 다섯 살 명은이 걸어간다.

길가에 돈 통을 놓고 쭈그려 앉은 할머니.

다섯 살 명은이 동전을 넣어주려는데

경희   주지 마.

다섯 살 명은   왜?

경희   사기꾼들이랑 다 한통속이더라. 다 이용하는 거야.

99. 명은 집 부엌 (밤)

경희, 설거지를 하고 있다.

명은은 삐쳐 있다.

경희   김밥은 쉬고 맛도 없어.

명은   애들 다 싸오는데…

경희   유부초밥이 맛있지. 유부 사올 거면 지금 사와.

	싸놓게.
명은	…
경희	싫으면 니가 김밥 사가든지. 난 모르겠다.
명은(소리)	고집이 정말 세요.

100. 과거 신 삽입

경희, 음식물 쓰레기를 일반 봉투에 넣는다.
봉투엔 이미 플라스틱, 캔 할 것 없이
분리수거를 하지 않고 막 쑤셔넣었다.

명은(소리) 환경도 보호하지 않고,

101. 과거 신 삽입

경희 이제 엄마도 돌아가셨으니까 우리하고는 연을
끊어요.
정말로 다시는 아쉬운 소리도 하지 마시고요,
연락도 하지 마세요.

명은(소리) 부모님을 공경하는 마음도 없고,

102. 과거 신 삽입

경희   그냥 돈만 쓸 줄 알지. 니네 아빠는 단 십 원도
　　　　　저금할 줄을 몰라.

명은(소리) 입만 열면 우리 앞에서 아빠 욕을 해요.
　　　　　교양도 없어 말할 때마다 귀청이 따가워요.

103. 진우 방 (밤)

잠자기 위해 누워 있던 명은,

쓸 말이 떠올랐는지 어둠 속에서 글을 쓴다.

명은(소리) 사실 오빠가 엄마 아빠 욕하는 거 엄청 많이
　　　　　들었어요.

104. 명은 집 거실 (낮)

학교를 마치고 돌아온 남매.

그제야 안방에서 나와 집을 나서는 성호.

성호, 나가자마자

민규   저 인간은 맨날 잠만 자대고.

명은(소리)   늦게 일어나 나갈 때마다 욕을 했고,

105. 민규 방 (밤)

경희의 말을 들어주는 민규.

명은(소리)   엄마가 오빠 방에서 아빠와 나, 아빠의 식구들,
          외할아버지, 외삼촌, 돈 빌리러 온 친구, 돈을 사기
          치고 간 사람들, 이상한 손님들 욕을 할 때마다,

106. 민규 방 (낮)

친구에게 말하는 민규.

민규   들어주는 것도 한계가 있지 존나…

명은(소리)   귀찮고 짜증난다고 욕을 했어요.
          그러면서도 엄마 아빠 앞에선 효자인 척해요.

107. 명은 방 (밤)

경희는 가족 앨범 속 기남과 진우의 사진을 찢고 있다.

그러곤 친엄마의 사진만 덩그러니 남겨둔다.

그 모습을 가만히 바라보는 명은.

명은(소리)   저는 지금 외할머니네 집에서 살고 있어요.

명은에게 기남과 진우의 욕을 하는 경희.

등 돌려 누운 명은.

명은(소리)   전 엄마에게 피가 섞이지 않은 외할아버지와

외삼촌의 욕만 들으며 자랐어요.

108. 기남 아파트 거실 (낮)

방에서 뒹굴고 있는 진우를 두고

말다툼을 벌이는 기남과 외할머니.

명은(소리)   엄마는 외할머니가 두 사람 때문에

혈압이 높아져 돌아가셨다고 했고,

기남이 외할머니의 멱살을 잡는다.

방문 사이로 그 모습을 바라보는 다섯 살 명은.

명은(소리)　　　사실 외할아버지가 외할머니의 멱살을 잡는 것도 본
　　　　　　　　　　적이 있어요. 하지만 외할아버지에게는 장점도 많이
　　　　　　　　　　있어요.

109. 진우 방 (낮)

벽에 붙은 명은의 생활계획표를 유심히 보는 기남.

'저녁 식사 6시' '취침 9시'.

명은(소리)　　　외할아버지는 제가 원하는 모든 것을 해주세요.

110. 기남 아파트 부엌 (낮)

요리책을 보고 도시락을 싸는 기남.

명은(소리)　　　예쁘게 도시락도 싸주고,

111. 기남 아파트 거실 (밤)

8시 50분에 맞춰 TV와 불을 끄는 기남.

명은(소리)   제 계획표를 모두 맞춰주세요.

112. 할머니 거리 (낮)

기남과 명은이 걸어간다.
길가에 돈 통을 놓고 쭈그려 앉은 할머니.
지갑에서 천 원을 꺼내 명은에게 주는 기남.
명은, 돈 통에 천 원을 넣는다.

명은(소리)   제가 불쌍한 사람을 돕도록 하고,

113. 교회 (낮)

나란히 앉아 기도하는 기남, 진우, 명은.

명은(소리)   우리 가족과 불우 이웃을 위해 기도를 하며,

114. 기남 아파트 안방 (낮)

기남, 어려운 친구에게 돈을 쥐여준다.

명은(소리)   친구를 위하는 마음이 크고,

115. 기남 아파트 베란다 (낮)

기름을 우유팩에 모아서 비누를 만드는 기남과 명은.

명은(소리)   환경을 보호해요.

116. 진우 방 (낮)

젖은 머리의 진우, 양복을 입고서,
방을 온통 뒤져 찌그러진 서류 가방을 찾아낸다.

명은(소리)   삼촌은 막노동을 하지만
저를 만나러 올 땐 일부러 회사에 다니는
것처럼 멋있게 하고 와요.

117. 교문 (낮)

명은을 기다리는 진우.

명은(소리)   전 한 번도 삼촌에게 티를 내지 않았지만,

삼촌이 먼저 그렇게 했어요.

아마도 우린 막내들끼리라 텔레파시가 통하나봐요.

다가오는 명은과 혜진, 하얀 자매.

명은   삼촌.

자매   안녕하세요.

118. 고깃집 안 (낮)

회장네 가족과 아이스크림을 든 기남, 진우, 명은이 마주해 있다.

회장 엄마   담임 선생님 말로는 매일같이 간호하신다고…

그래서 여태 명은이 어머니를 한 번도 못 뵀어요.

진우, 명은을 슬쩍 보고는 대충 눈치챈다.

진우	사실 지금도 병원에 있어요. 아무쪼록 실례가 많습니다.
회장 엄마	그런 생각 하실 것 없어요. 저희끼리도 다 하는데요 뭐.
진우	그럼 대신해서 제가 언제 한번 학교에 찾아갈게요.
회장 엄마	직장 다니시잖아요.
진우	조카를 위해서라면 반차를 내서라도 가야죠.
회장 엄마	명은아, 이런 삼촌도 있고 좋겠다.

양 집안의 화기애애한 분위기.

명은(소리)	왜 외삼촌과 외할아버지가 할 수 있는 걸, 우리 엄마 아빠는 못 하는 걸까요? 왜 나의 입장을 생각해주지 않는 걸까요? 전 아주 오래전부터 이렇게 묻고 싶었어요.

119. 기남 아파트 부엌/거실 (밤)

글을 마친 원고지를 서류 봉투에 넣어 풀로 붙이는 명은.

전화벨 소리가 울린다.

기남이 받는다.

기남	어 그래. 잘 있지. 넌 괜찮고? 이 서방은?
	명은이는 잘 있어. 우린 괜찮지. 그래 걱정 마라.
	니 건강 잘 보살피면서 하고. 그래.

120. 교실 (아침)

떠드는 아이들.

창가에서 수다를 떠는 명은과 혜진.

혜진	이번 주 토요일에 롯데월드 가자.
명은	그래! 얼마 있어야 돼?
혜진	먹을 것까지 합쳐서 2만 원쯤?
명은	응! 알았어!
혜진	이따 지하상가에 옷 사러 가자.
명은	그래!

애란이 들어온다.

혜진	웬일. 담임 지각 안 했어.
명은	그러게.

자리로 돌아가는 아이들.

애란   자, 이번에 성원시에서 열린 어린이 글짓기 대회
       결과가 나왔어.
       그러니까 성원시의 모든 초등학교에서 출품을
       했겠지?
       그만큼 경쟁률이 치열했을 거고.
       아쉽지만, 우리 학교에서는 수상자가 단 한 명도
       나오지 못했어.

명은, 실망한 얼굴로 혜진을 바라본다.
혜진은 별로 연연해하지 않는 얼굴.

애란   …가 아니라, 아주 놀랄 만한 소식을 가져왔어.
       우리 학교에서만 자그마치 세 작품이나 나왔어.

실망했던 명은의 얼굴이 기대감으로 바뀐다.

애란   명은이는 선생님 모르게 작품을 하나 더
       출품했더라? 맞니?
명은   (작은 목소리로) 예…

애란, 성원신문을 칠판에 붙인다.

애란   모두 나와서 확인해봐.

아이들, 신문 앞으로 옹기종기 모여 선다.
신문 한쪽 빼곡한 수십 명의 수상 명단들 중…
형광펜으로 그어진 세 개의 줄…

대상 - 은남초5, 이명은
〈손녀로부터 온 편지〉
최우수상 - 은남초5, 김혜진, 김하얀
〈우리는 진짜 이란성 쌍둥이가 아닙니다〉

쭉 밑으로 내려가면…

입선 - 은남초5, 이명은
<Happy birthday to 가족>이 보인다.

믿을 수 없는 명은의 표정.
혜진의 애매한 표정.

애란   우리 반에 미래의 작가가 두 명이나 있네!

(시간 경과)

교실엔 애란, 명은, 혜진만 남아 있다.

애란　　22일 토요일 10시에 성원시민회관에서 시상식이
　　　　　있을 거야.
　　　　　그리고 너희의 작품은 신문과 문집에 실려서
　　　　　우리 시의 모든 사람들이 보게 될 거야.
　　　　　정말 자랑스러운 일이지?

121. 운동장 (낮)

혜진, 하얀 자매는 앞에, 명은은 뒤에 떨어져 걷는다.

그들 사이에는 어색하고 차가운 공기가 흐른다.

찰나의 순간-

명은이 자매를 추월한다.

교문 앞의 진우에게로 향하는 명은.

진우　　니 친구들 아냐?

명은　　(작게) 쉿!

122. 드림 돈가스 (낮)

명은, 기남, 진우, 돈가스를 썬다.

명은의 옆에는 쇼핑백들이 세워져 있다.

명은은 예전의 자매처럼 신발을 벗고서

의자에 양반다리를 하고 앉았다.

명은	할아버지.
기남	응?
명은	왜 삼촌은 화가가 안 됐어?
기남	화가는 무슨. 맨날 하는 짓 없이 봐라.
	삼촌한테 이런 건 배우지 마라.
명은	삼촌 그림 되게 잘 그리는데.
진우	(정색) 그래서 나 일하잖아.
명은	삼촌 스케치북에 그림 엄청 많이 그렸어.
기남	그게 일이야? 일주일에 고작 몇 번 막노동 하는 게?
	난 막노동을 나쁘게 말하는 게 아니야.
	그것도 꾸준히 해야 일인 거야, 뭐든.
진우	그래서 내가 아빠한테 손 벌려? 진짜 왜 그래?
기남	니 나이 되면 손 벌리지 않는 건 당연한 거야.
	물론 난 너한테 뭘 바라는 것도 아니야.
진우	아빠도 나한테 해준 거 없어.

집도 생판 남인 누나가 해준 거잖아.

재혼도 누나가 시켜줬잖아.

지금껏 생활비도 누나가 다 대줬잖아.

엄마 장례식하고 병원비는?

아빠가 한 거 뭐 있어?

기남	(돈가스를 썰며) 쯧쯧. 너랑 말해서 뭐 하냐.
진우	그러니까 뭐라고 하지 말라고 나한테 제발.
기남	(무시하고) 명은이가 어떤 글을 썼는지 궁금하네 할아버진?
진우	(명은을 위해 참는) 신문에 나면 보면 되지. 집에 전화했어?
명은	(고개를 젓는다)
진우	왜 안 해. 아빠 엄마가 엄청 좋아할 텐데. 삼촌이 할까?

명은, 음료수만 꿀꺽꿀꺽.

명은, 이내 얼굴이 어두워진다.

123. 교문 (낮)

'제15회 성원시 어린이 글짓기 대회 3관왕 수상!'

'대상 5학년 이명은'

'최우수상 5학년 김혜진, 김하얀'

'입선 5학년 이명은'

'지도 교사 김애란 선생님, 조혜숙 선생님'

아래에서 현수막을 뿌듯하게 바라보는 교장 선생님과 애란.

124. 진우 방 (밤)

방에는 명은이 예전에 사지 못했던 원피스와 가방, 구두가 놓여 있다.

잠에 들지 못하고 뒤척이는 명은.

125. 기남 아파트 거실 (밤)

거실로 나온 명은,

'제14회 가정의 달 기념 성원시 어린이 글짓기 대회

공모 수상작' 책을 넘겨본다.

근심스런 얼굴이다.

126. 공중전화 (낮)

손바닥에 적힌 번호로 전화를 거는 명은.

담당자(소리)   네, 시청 문화관광과입니다.

명은   저는 이번 글짓기 대회에서 상을 받은 사람인데요.

담당자(소리)   예. 이름이 어떻게 되죠?

명은   이명은이요.

담당자(소리)   아, 대상하고 입선.

명은   네에.

담당자(소리)   축하드립니다.

명은   혹시 이게 신문에 실리는 게 맞아요?

담당자(소리)   네. 이번 주 토요일에 시상식을 하고,

              다음 주 월요일에 성원신문에 실릴 예정이에요.

명은   상만 받고, 신문에 공개는 안 하면 안 되나요?

담당자(소리)   네? 왜요?

명은   공개를 안 하고 싶어서요.

담당자(소리)   그럴 순 없어요. 더더욱이나 대상은요.

명은   … 네에 알겠습니다.

담당자(소리)   네에.

명은, 전화를 끊는다.

엉거주춤하게 걸어가는 명은.

그러다가 다시 돌아와 손바닥에 있는 번호를 누른다.

담당자(소리)   네, 시청 문화관광과입니다.

명은   좀 전에 전화했던 이명은이라고 하는데요.

담당자(소리)   네에.

명은   저 상 안 받을게요.

담당자(소리)   네?

명은   신문에 공개되면 상 안 받을게요.

담당자(소리)   저, 공개를 하지 못하는 피치 못할 이유가
              있으신가요?

명은   그냥 받고 싶지 않아서요. 대상은 취소해주세요.
              아, 그리고 입선은 받을게요.

127. 교실 (낮)

애란과 단둘이 남아 있는 명은.

애란   명은아.

명은   네…

애란   혹시 다른 사람의 글을 베낀 거야?

명은	(고개를 젓는다)
애란	그럼 부모님이나 누가 대신해서 써줬어?
명은	(고개를 젓는다)
애란	(답답) 그런데 왜 대상을 안 받아?
	정당한 이유를 얘기해줘야지.
	명은이 조리 있게 말 잘하잖아.
명은	그냥 받기 싫어요.
애란	선생님은 이해할 수가 없는데? 왜 그렇지?
	저기 학교 앞에 걸린 현수막 안 보여?
	전교생이 다 알아. 신문에도 이렇게 적혀 있고.
	교장 선생님도 얼마나 좋아하시는데. 응?
명은	…
애란	명은아, 사람은 누구나 실수를 할 수 있어.
	선생님도 어렸을 적에 남의 동시를 베껴서 낸 적이
	있었어.
	그게 그렇게 나쁜 건지 몰랐거든.
	선생님한테만 솔직하게 얘기해줄래?
	선생님은 명은이가 무슨 행동을 했어도 다 이해할
	수가 있어.
	선생님이잖아.
명은	그냥 안 받고 싶어요.

애란, 손목시계를 본다.

애란   (일어서며) 받는 걸로 선생님은 알고 있을게.
       빨리 전화 주지 않으면 정말 다 취소될 거야.

애란, 신문을 들고 교실 밖으로 나간다.
명은, 따라서 나간다.

128. 교실 앞 복도 (낮)

서둘러 걸어가는 애란에게 달려가는 명은.

명은   입선만 받을게요.
애란   이유도 모르고? 명은이가 생각해도 말이 안 되지?
명은   원래 내려고 했던 것도 아닌데요.
애란   근데 큰 상을 받았잖아. 자그마치 대상.
       이건 학교가 걸린 문제야.
명은   제가 쓴 거잖아요. 학교가 무슨 상관이에요?
애란   너 글 쓰라고 얘기해준 게 누구야?
       너 여태까지 맞춤법도 선생님이 고쳐줬어.
명은   대상 받은 건 제가 다 했어요.

애란   아무튼 안 돼. 진짜 취소되기 전에 얘기해줘야 돼.

명은, 애란의 신문을 뺏는다.

가만히 명은의 행동을 지켜보는 애란.

129. 교실 (낮)

다시 마주 앉은 애란과 명은.

애란   솔직한 게 창피해서 그래? 일기장처럼?

명은   (고개를 끄덕인다)

애란   공개가 된다고 해서 부끄러운 거지?

명은   (고개를 끄덕인다)

애란   선생님 생각은 좀 다른데?

         명은이의 솔직한 마음에 글을 읽는 사람들은 오히려

         감동할 거야.

명은   …

애란   주제가 가족인데, 어떤 솔직한 마음을 썼어?

         입선 받은 거랑 많이 달라?

명은   아무도 모르는 얘기요.

애란   그럼 더 특별하겠다. 그치?

명은	선생님…
애란	응.
명은	솔직히 상은 받고 싶은데… 공개는 하고 싶지 않아요…
	그런데 전화해보니까 그게 안 된대요…
애란	맞아. 그게 주최 측의 규칙이니까.

둘, 한동안 침묵한다.

애란	선생님이 명은이었다면 받았을 거야.
	부모님도 정말 좋아하실 거야.

명은은 말이 없다.

애란	그럼 명은아. 받지 마.
	선생님도 교장 선생님께 그렇게 말할게.
명은	가족에 대한 안 좋은 말을 했어요.
애란	그런데 심사위원들은 그 글에 감동을 받았잖아.
	그렇다면 분명 좋은 글일 거야. 가족들도 좋아할 거고.
명은	(한숨을 쉰다)

명은, 걸어가서 '비밀 우체통'을 가져온다.

그리곤 수첩에 손을 가리고서 글씨를 적어 내려간다.

그리곤 다 쓴 쪽지를 접어 '비밀 우체통'에 넣는다.

애란은 '비밀 우체통'에서 쪽지를 꺼내어 읽는다.

'제 솔직한 마음 때문에 가족이 상처받을까봐 겁나요…'

애란은 교무수첩에 글씨를 적어 내려간다.

그리곤 다 쓴 쪽지를 접어 '비밀 우체통'에 넣는다.

명은은 '비밀 우체통'에서 쪽지를 꺼내어 읽는다.

'명은이는 정말 가족을 사랑하는구나…'

명은은 고개를 젓는다.

애란   명은이의 마음이 정말 그렇다면, 선생님은
       이해할게.
       상을 취소해도 좋아. 억지로 솔직해질 필요 없어.
       솔직한 것만이 좋은 것이 아니니까.

명은   솔직한 게 좋은 거잖아요.

애란   선생님 생각에 중요한 건 솔직하지 않더라도,
       비록 거짓을 말하고 있더라도
       상대방의 마음을 헤아리는 마음이야.
       명은이가 가족을 생각하는 마음처럼 말이야.

명은   (고개를 젓는다)
       저는 가족을 사랑하지 않아요.

우리 가족 같은 사람들 정말 싫어요.

애란   (그제야 명은이의 사정을 조금은 이해하는 표정)

그걸 썼구나.

명은   (고개를 끄덕이는) 그런데… 마음이 정말 불편해요…

130. 교장실 (낮)

이미 이야기가 끝난 상황인지

애란은 좌불안석인 얼굴,

명은은 눈치 보는 얼굴,

교장은 매우 착잡한 얼굴이다.

131. 운동장 (낮)

앞서가는 애란, 뒤따르는 명은.

두 사람 사이엔 적막이 흐른다.

싱그러운 나무가 흔들린다.

명은, 용기 내어 애란에게로 다가간다.

명은   저도 혜진이처럼 솔직해지고 싶은데 죄송해요…

이제 두 사람은 나란히 발맞추어 걷는다.

애란도 자신만의 마음 정리가 끝났는지

명은의 머리를 쓰다듬는다.

애란   명은이는 혜진이가 아니라 명은이야.

명은이만의 방식으로 하면 돼.

132. 기남 아파트 엘리베이터 (낮)

엘리베이터 안의 명은.

엘리베이터가 10층에서 멈추자,

급하게 1층 버튼을 누른다.

133. 시청 앞 언덕길 (낮)

언덕에 있는 시청을 향해 달려가는 명은.

134. 시청 문화관광과 사무실 (낮)

공모전 담당자에게로 다가오는 상기된 얼굴의 명은.

명은	(헉헉) 저… (헉헉) 대상을 취소했던… (헉헉)
	이명은이라고 하는데요…
담당자	어, 그래. 혹시 마음이 바뀌었니?
명은	(헉헉) 아뇨. (헉헉) 그때 냈던 원고지… 다시 받을 수
	있을까요?
담당자	응?

135. 언덕 공원 (낮)

원고지를 품에 안고서 공원을 오르는 명은.
시내가 한눈에 내려다보이는 언덕의 나무 아래 명은이 앉아 있다.
명은은 돌려받은 원고지를 바라본다.
그러고는 나무 아래 파놓은 구덩이에 원고지를 묻는다.

136. 기남 아파트 거실/진우 방 (아침)

기남은 정장을 차려입고서 아침밥을 차리고 있다.

역시 정장을 빼입은 진우도 양말을 신으며 통화 중이다.

진우   누나, 정말 안 갈 거야? 매형은? 알았어.

             그럼 우리끼리 갔다 올게. 됐어, 접때 줬잖아.

             뭐, 나중에 주면 좋고. 어, 한번 갈게.

명은은 새 원피스와 새 구두, 새 가방을 '풀 장착'하고서

리본 핀으로 머리를 묶고 있다.

기남   명은아, 밥 먹고 가자.

명은   응. 머리만 하고.

137. 시상식장 (아침)

단상에 올라 입선 상장을 받는 명은.

옆엔 명은 외에 열 명의 입선자가 더 있다.

진우는 사진기로 열심히 명은의 모습을 찍어대고 있다.

(시간 경과)

객석에 앉은 명은, 앞에 나가 대상 트로피를 받는

혜진과 하얀의 모습을 부러운 듯 바라본다.

(시간 경과)

스물세 명의 수상자들 모두 단상에 올라 기념사진을 찍는다.

사진사　　　트로피 들고 있는 메인들이 가운데 쪽에 서주시고,

　　　　　　　상장 들고 있는 친구들은 미안하지만 양옆에

　　　　　　　서주세요.

끄트머리에 가서 서게 되는 명은.

게다가 키 큰 아이들에게 가려져 얼굴도 잘 보이지 않는다.

사진사　　　자, 찍겠습니다. 하나 둘 셋!

명은, 비록 보이지 않지만 활짝 웃는다.

138. 기남 아파트 앞 (낮)

아파트 쪽으로 걸어오는 명은, 기남, 진우.

상장을 든 명은, 문득 멈춰서 하늘을 바라보면 구름이 파랗다.

기남과 진우는 아파트 입구에서 명은을 기다리고 있다.

진우   명은이 뭐 해?

명은   나 잠깐 어디 좀 다녀올게.

기남과 진우, 미소 지으며 고개를 끄덕인다.

명은은 그대로 뒤돌아 달리기 시작한다.

139. 동네 언덕길 (낮)

미소 지으며 언덕길을 달리는 명은.

140. 횡단보도 거리 (낮)

횡단보도.

빨리 신호가 바뀌길 기다리며 안절부절못하는 명은.

141. 시장 골목 (낮)

시장 사람들 사이를 가로지르는 명은.

142. 시장 젓갈 가게 (낮)

명은, 숨을 헐떡이며 가게 앞에 멈춰 선다.

경희는 예쁘게 꾸민 명은의 빛나는 모습을 뜻밖인 듯 바라본다.

명은   (다가와) 나 성원시민회관에서, 큰 시상식장에서

사람들이 많이 보는 데서 상 받았어.

이제 TV에도 나오고, 신문에도 나오고, 문집에도

나올 거야.

성호   ('입선'이라 적혀진 상장을 바라본다)

그래, 우리 딸 자랑스럽네.

명은, 부모님이 기뻐하는 표정을 살핀다.

143. 학교 복도 (아침)

스피커로 하얀의 대상작 낭독 소리가 들린다.

하얀(소리)　　그녀들은 사실 친자매가 아니다.
　　　　　　혜진의 엄마는 하얀의 엄마의 가게에서 일하는
　　　　　　아가씨 중 한 명이었다.

144. 교실 (아침)

방송을 듣는 아이들.
그 속의 명은과 애란.

하얀(소리)　　엄마가 아빠랑 이혼한 것이 아니다.
　　　　　　아빠는 손님이었으며, 얼굴을 한 번도 본 적이 없다.
　　　　　　그러니까 혜진은 진짜 엄마랑 아빠의 얼굴을 본
　　　　　　적이 없다.
　　　　　　하얀의 엄마는 혜진을 딸처럼 키우고 있지만,
　　　　　　알고 보면 진짜 엄마는 아닌 것이다.

145. 교장실 (아침)

방송을 듣는 교장 선생님.

혜진(소리)   교장 선생님은 그녀들과 그녀들의 엄마에게
그냥 이란성 쌍둥이라고 말하라고 했다.
그리고 엄마의 직업은 평범한 직장을 다니고 있다고
말하라고 했다.
그럼 더 이상 아무런 문제도 없고,
전학을 안 다녀도 될 것이라고 말이다.

절망하는 교장 선생님.

146. 방송실 (아침)

마이크에 대고 낭독 중인 혜진. 그 옆의 하얀.

혜진(소리)   하지만 혜진은 숨기고 싶지 않다.
또다시 아이들이 혜진을 따돌리더라도,
교장 선생님한테 찍히더라도,

147. 시장 젓갈 가게 (낮)

경희도 신문에 난 자매의 글을 읽고 있다.

혜진(소리)   혜진은 하얀이와 지금의 엄마에게만큼은
자신을 지켜준 고마움을 잊지 않고 싶다.
고마움을 잊지 않는 최고의 방법은
숨기지 않는 것이라고 생각한다.

경희, 눈물을 훔친다.
그러면서 명은의 글을 살살 찢어 장부에 끼워넣는다.

148. 학교 복도 (아침)

낭독을 마치고 복도를 걸어오는 자매.
저편에 자신들을 기다리고 서 있는 명은을 발견한다.

혜진(소리)   하얀이와 엄마가 혜진을 세상 어딘가
아무도 모르는 어두운 곳에 숨기지 않았듯이,
앞으로 혜진도 그들을 숨기지 않을 것이다.

149. 명은 방 (밤)

책상에 앉아 가정환경조사서를 바라보는 명은.
담담하게 한 자 한 자 적어내려간다.

150. 6학년 교실 (아침)

6학년이 된 명은, 자리에 앉아 있다.
남자 담임, 자리에 앉아 테니스 채의 손잡이에
테이프를 붙이는 데 열중하고 있다.

남자 담임   어제 내준 가정환경조사서 다 가져왔지?
아이들   네.
남자 담임   다 꺼내.

명은, 가방에서 종이를 꺼내려는데

남자 담임   뒤로 뒤집어.

아이들, 종이를 뒤로 뒤집는다.
남자 담임, 테니스 채를 들고 아이들 사이를 걷는다.

남자 담임   나는 개인적으로 가정환경은 하나도 궁금하지 않아.

오로지 너희들만이 궁금하다.

지금부터 거기에 자기 자신에 대해 아무거나 써.

자신의 좌우명, 꿈, 존경하는 사람, 좋아하는 것,

싫어하는 것, 성격, 장점, 단점, 콤플렉스, 친구,

생일, 많지?

한 학년 동안 선생님이 알아야 할 것도 좋아.

정 쓸 게 없는 사람은 선생님께 러브레터를 써도

된다.

여기저기 아이들의 야유 가운데-

명은, 색연필과 사인펜을 꺼내

체계적으로 구획까지 지어가며

신나게 쓰기 시작한다.

명은의 완전한 물아일체의 얼굴에서

끝이 난다.

- The End

장면과　인물에　대한
이야기

이지은

오프닝 시퀀스 설계

오프닝 시퀀스는 총 다섯 개의 신으로 이루어져 있습니다.
첫 신에서 사실은 '명은이가 선물을 고른다'라고 쓰면 끝날
내용을 엄청 세세하게 쓰고 찍었습니다. 이 장면을 쓸 때
저는 이미 '명은이가 선물을 고르는 과정을 아주 디테일하게
보여줘야지' 마음먹고 있었습니다. 왜냐하면 아마도 우린 이
나이 또래의 인물이 이토록 고민하는 과정을 본 적이 없을
것이기 때문입니다. 그것이 중요하지 않기도 하고, 기다려줄
여유도 없을 것입니다. 하지만 '이명은'이라는 인간에게는 이
순간이 매우 중요합니다. 저는 영화관의 커다란 스크린에서
명은이의 표정, 손짓, 자세를 클로즈업해서 정말 잘 보여주고
싶었습니다. 명은이가 성인 작가가 쓴 서사에 휩쓸려가는
'작가의 수단'이 아니라, 직접 두 발로 땅을 딛고 서서 진짜로
보고, 진짜로 냄새를 맡고, 진짜로 누군가를 생각하는 그야말로

살아 숨 쉬는 인간이길 바랐습니다. 동시에 명은이가 고르는 물건들을 통해 이 선물을 받을 사람이 누구일까를 관객으로 하여금 추리하게 하고 싶었습니다. 누구에게 주려고 이토록 고민하는 것일까? 그래서 지문에 적을 소품 하나하나까지 신경을 썼습니다. 그러니까 명은이가 만지는 소품은 상대방이 누구인지를 추리하게끔 하는 단서인 동시에 1996년 풍경을 담아야 하는 배경으로서의 목적도 가지고 있는 것입니다. 하나의 신 안에서 시대적 배경과 인물의 성격, 관객의 궁금증까지 모두 담기 위해 압축하고 또 압축했습니다.

각본 속에서 명은이가 최종으로 고른 선물은 방향제지만, 영화 속에서는 머그컵으로 변경이 되었습니다. 이것은 각본을 다 쓰고 영화화하는 과정에서 바꾼 것입니다. 명은이의 입장에서 보자면 '미적으로 예쁘면서도 상대방이 정말 잘 사용할 수 있는 선물은 무엇일까'에 대한 선택일 것이고, 감독의 입장에서 보자면 '명은이라는 인물의 행동 디테일을 보여줄 수 있는 소품은 무엇일까'에 대한 선택일 것입니다. 방향제는 냄새를 맡는 데 그치지만, 머그컵은 마시는 시늉도 할 수 있고, 상대방이 들 때 불편하거나 무겁지 않을까, 손으로 무게를 재면서 가늠해볼 수도 있습니다. 즉, 시각적으로 재미난 액션들이 나올 수 있는 것입니다. 실제로 영화 속에서 명은 역의 문승아 배우는 머그컵으로 아주 섬세한 디테일들을 보여줍니다.

그리하여 고심하고 고심해서 마침내 선물을 골랐는데, 더 어려운 과제가 남아 있습니다. 그것은 바로 포장된 선물 위에 붙이는 꽃 스티커입니다. 스티커 통에는 총천연색 스티커들이 들어 있고, 앞서 보았듯 명은이는 아주 섬세한 성격을 가지고 있다보니, 이 스티커를 고르는 과정 역시 만만치 않을 것이라는 것을 관객은 이미 알고 있습니다. 최종적으로 핑크색과 금색이 남았습니다. 명은이는 고민하다가 보편적으로 제일 최고의 색이라고 여겨지는 금색을 고릅니다.

두번째 신에서 명은이는 금색 꽃 스티커가 달린 선물을 들고서 어딘가로 향합니다. '명은이가 어디로 가는 걸까?' 관객이 궁금하게 하고 싶었고, 세번째 신에서 명은이가 당도한 곳은 집인데 좀 전과 달리 선물을 보고서 표정이 안 좋아진 명은이를 보며 관객으로 하여금 '명은이가 갑자기 왜 그러지?' 하고 또 궁금하게 하고 싶었습니다. 네번째 신에서는 가방을 벗은 명은이가 선물만 들고서 왔던 길을 다시 내려가는데, '명은이가 어디로 가는 거지?' 궁금하게 만들고 싶었고, 다섯번째 신에 다다라서야 모든 미스터리가 풀리도록 하고 싶었습니다. 명은이가 선물을 주려는 이는 담임 선생님이고, 명은이가 당도한 곳은 다시 문구점이며, 돌아온 이유는 담임 선생님이 금색이 아닌 핑크색 포장 꽃 스티커를 더 좋아하실 거라고 생각해서라고요.

오프닝 신의 설계는 관객으로 하여금 매 신마다 궁금하게

만들면서 장면을 계속 보게끔 하는 데 목표가 있었고,
문구점에서 시작되어 다시 문구점으로 돌아오는 회귀
구조에, 명은이가 바꾼 것은 정작 선물이 아니라 겨우 포장
꽃 스티커라는 것이 중요했습니다. '겨우'라는 말에 사실
저의 진짜 의도가 들어가 있습니다. 우리에게는 '겨우' 혹은
'고작'일지도 모르는 그 자그마한 부속물 하나 때문에 명은이는
온갖 내적 갈등과 먼 길을 갔다가 돌아오는 수고로운 액션을
취합니다. 명은이에게는 '겨우'가 아닌 '전부'이기 때문입니다.
앞서 말했듯 저는 '우리'가 아닌 '이명은'에게 절실하고 중요한
것을 포착하고자 했습니다.

이 영화에서만큼은 명은이가 고민하고 답을 내리는
과정에서 재촉하거나, 다그치지 않고 기다려주고 싶었습니다.
모든 시행착오를 겪고 난 뒤에 명은이 스스로의 힘으로
자신만의 답을 내리길 바랐습니다. A도 아니고 B도 아닌
이명은만의 답을요.

덧붙이자면, 각본에는 원래 '문구점 아줌마'라는 역할이
있었고, 촬영까지도 진행했지만 편집 단계에서 최종적으로
들어냈습니다. 선물을 고르는 데 상당한 에너지를 쏟고
있는 명은이라는 인물에 온전히 초점을 맞추고, 그 집중된
공기를 흐트러뜨리지 않고, 마침내 선택을 끝낸 명은이의 '첫
목소리'를 가장 먼저 들려주고 싶었기 때문입니다.

결국 오프닝 시퀀스는 우리 영화는 두 시간 동안 이러한

태도를 가지고 가겠다, 관객들에게 마음의 준비를 하시라 하는
선전포고이기도 합니다.

명은이를 기다려주실 준비가 되었나요?

명은

언젠가 GV(관객과의 만남)에서 한 관객으로부터 "감독님은
수치심을 어떻게 다루고자 하셨나요?"라는 질문을 받은 적이
있습니다. 그때 "명은이로 하여금 그가 겪을 수 있는 모든
수치심을 겪게 하고 싶었어요"라고 말했습니다. 제가 영화를
좋아하는 이유는 영화 속 주인공은 충고를 하지 않아서입니다.
다만 몸소 보여줍니다. 그것이 고난이든 고통이든 굴욕이든
말입니다. 최악의 상황에 빠진 주인공을 거울 삼아 저는 스스로
답을 찾아낼 수 있는 용기와 힘을 얻곤 했습니다.

명은이는 부모님을 부끄러워해서는 안 된다는 우리
사회의 금기를 깨는 인물입니다. 저는 그 부끄러움의 이면을
들여다보고 싶었습니다. 도대체 부모의 무엇이 부끄러운
걸까? 그 부끄러움은 어디에서 시작돼서, 어떤 형태의 인간을
만들어낼까? 어릴 적에는 자식이 부모님을 부끄러워하는데,
왜 커서는 부모가 자식을 부끄러워할까? 이것은 시대가
변해도 끝이 나지 않는 걸까? 보통 성인이 되면 "이제는 더

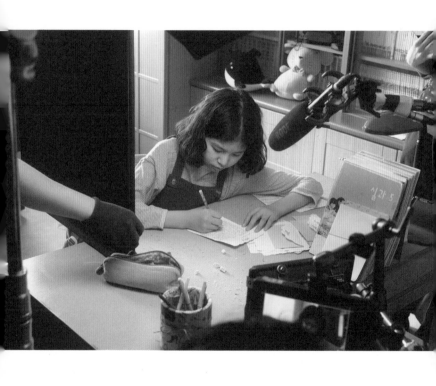

이상 부모님을 부끄러워하지 않아요. 부모님을 부끄러워했던 지난날의 저 자신이 부끄러워요"라는 어른스러운 말을 하곤 합니다. 저 역시 그랬습니다. 하지만 어딘가 개운치 않은 구석이 있습니다. 왜냐하면 여전히 세상 곳곳에는 명은이와 같은 고민을 가지고 끙끙 앓는 사람들이 있을 것이기 때문입니다. 사실 이것은 영화를 개봉하고 나서야 깨달은 것입니다. 세상엔 수많은 명은이들이 있다는 것을요. 이 작품을 기획했을 당시만 해도 이러한 고민을 가진 사람이 얼마큼 있는지, 솔직히 말하면 있을지도 없을지도 가늠이 되지 않았습니다. 하지만 최소한 저라는 관객이 있었습니다. 어린 날의 저를 깜깜한 극장의 객석에 앉혀 커다란 스크린을 통해 이명은이라는 사람을 제대로 보여주고 싶었습니다. 제가 감히 하지 못했던 행동을 가감 없이 하는 이명은을.

'남의 시선을 의식하기 시작했을 때가 언제지? 우리 가족과 남의 가족을 비교하기 시작했을 때가 언제지?' 하고 거슬러 올라가다보니 초등학생에 이르렀습니다. 각본을 다 쓰자 제게 남은 최대의 과제는 명은이를 찾는 일이었습니다. 4개월 동안 명은이를 찾아 헤맨 끝에 오디션장에서 문승아 배우를 만났습니다. 문승아 배우를 마주하는 순간 주변의 소음이 사라지고 정말 머리가 맑아졌습니다. 제겐 이 배우를 통해 한 인간을 제대로 구현해보고 싶다는 본질 하나만 보였습니다. 한 인간을 제대로 구현하는 일은 곧 한 시대를 구현하는 일과 같을지도 모릅니다.

초고 당시 주인공은 4학년이고, 이름은 이연주였습니다. 문승아 배우가 캐스팅이 됨으로 해서 '5학년, 이명은'으로 수정이 되었습니다. 제 머릿속에 작은 여자 인간이 돌아다니던 발상의 순간부터 유일하게 정해졌던 콘셉트가 하나 있었는데, 주인공의 헤어스타일은 영화 〈접속〉의 전도연 배우처럼 하겠다는 것이었습니다. 절대 쓰러질 것 같지 않은 탱글탱글한 단발 펌이 몹시 하고 싶어서, 전도연 배우의 사진을 제 방문에 딱 붙이고 의지를 불태웠습니다. 당시 긴 생머리였던 문승아 배우는 긴 고민 없이 박력 있게 단발로 자르고 펌까지 하고 왔습니다. 하지만 너무나 세련된 요즘 펌이었습니다. 저는 그래도 문승아 배우의 노력이 너무나 고마워서 엄지까지 치켜올리며 "너무 좋다 승아야"라고 거짓말을 했지만, 승아 배우는 저의 마음을 읽었는지 한 번 더 빠글빠글 볶아서 왔습니다. 승아 배우는 그런 사람이었습니다. 저는 승아 배우와 명은에 대해 얘기하기보다는, 그냥 함께 시간을 보냈습니다. 그저 인간 대 인간으로 말입니다. 밥도 같이 먹고, 친구 얘기도 하고, 연예인 얘기도 하며 서로에게 스며들었다고 해야 할까요. 전 그 시간 동안 승아 배우를 참 많이 관찰했습니다. 승아 배우가 고민할 때는 이런 표정이구나, 승아 배우가 신이 날 때는 이렇구나 하면서요. 그 관찰도 의무감에서 한 것이 아니라, 승아 배우와 정말 우정을 쌓다보니 자연스럽게 알게 되는 것들이었습니다. 아마 승아 배우도 인간 이지은에 대해서 많은 것을 알게 되지 않았을까요. 만남의 횟수가 쌓일수록 서로에 대한 신뢰는 점점 커졌습니다.

승아 배우가 저와 신뢰를 쌓는 것만큼이나 중요했던 것은 승아 배우가 현장에서 호흡을 맞추게 될 다른 배우들과의 만남을 갖게 하는 일이었습니다. 가족, 선생님, 친구들과의 만남을 통해 승아 배우가 명은이에 대해 스스로 생각해볼 수 있는 시간을 충분히 주고 싶었습니다. "명은은 어떤 캐릭터고, 이때의 감정은 어떤 거야"라고 말하는 것보다 승아 배우가 각 역할의 배우들과 만나 이야기를 나누다보면 자연스럽게 본인만의 계획을 세우고 답을 찾을 수 있을 거라는 믿음이 있었습니다. 물론 이 믿음은 승아 배우와 그동안 쌓은 신뢰가 있었고, 승아 배우가 이미 연기를 잘하는 좋은 배우라는 것을 오디션을 통해 알고 있었기에 가능한 일일 것입니다.

촬영을 코앞에 두고, 마지막으로 연습실에 가기 전에 승아 배우와 크로플 가게에서 의지를 다졌던 날이 떠오릅니다.

"승아야, 너하고 내가 진짜 잘해야 돼. 현장에서 우리 진짜 서로를 믿고 의지하자"라는 열정 반 두려움 반 섞인 저의 말에, 승아 배우는 곰곰이 듣고 있다가 박력 넘치게 포크로 크로플을 찍으며 그 깊은 눈으로 응답했습니다.

애란

'사랑 애愛' '알 란卵'. (저는 재미 삼아 '계란 란'이라고 부르곤
합니다.) 사랑으로 품어줄 것 같은 선생님.

하지만 애란은 기대와는 사뭇 다른 행보를 보입니다. 늘
지각을 하는데 풀 세팅을 하고, 손목시계를 꼭 착용합니다.
학부모들로부터 촌지를 받고, 교장 선생님에게 인정받기 위해
학생의 아이디어를 뺏기도 합니다. 언제는 친절하지만, 언제는
싸늘한, 상냥하고 부드러워 보이지만, 학생을 잡을 때는 잡는
모순 그 자체인 애란입니다.

애란이라는 인물은 제가 동경했던 선생님이 최초의
모티브이지만, 초등학교에 예술 강사를 나가면서 만났던
선생님들, 그리고 저의 사회 초년생 모습까지 결합한, 그야말로
숙고 끝에 나온 인물입니다.

먼저 제가 동경했던 선생님들은 외면과 내면 모두 완벽한
성인 여성이었습니다. 선생님이 교실 문을 열고 들어올 때의
머리며 옷차림을 보는 것이 그저 황홀했습니다. 실제로 제가
처음 예술 강사를 나갈 때 주변에서 이런 말을 했습니다.
"학교에 잘 입고 나가야 돼. 애들이 선생님 화장한 거, 옷
입고 온 거 엄청 봐." 바로 고개가 끄덕여지던 건 저도 그랬기
때문입니다. 그래서 그때 저는 평소에 입지 않는 치마며
블라우스며 구두를 사들였습니다. 영화의 모든 등장인물을

통틀어 가장 의상 피팅을 많이 한 것이 애란인데, 바로 그래서였습니다.

학교에서 실제로 본 선생님들은 제 기억 속에 있던 모습과는 좀 달랐습니다. 제가 선생님과 비슷한 나이 또래의 성인이 돼서 시선이 변했으리라 생각합니다. 선생님들은 그야말로 살아 숨 쉬는 인간이었습니다. 선생님도 그저 흔들리는 한 인간일 뿐이라는 깨달음이 애란을 창조하는 데 큰 뼈대가 되었습니다.

애란은 의욕에 비해 빈틈이 많은 인물인데, 그런 성격은 저의 사회 초년생 모습을 가져왔습니다. 평소에는 생각 정리도 잘하고, 말도 조리 있게 잘하다가도, 유독 어떤 사람 앞에만 가면 막 버벅댄다거나 연신 실수를 해대는 그런 모습 말입니다. 애란에게는 그런 상대가 교장 선생님일 텐데, 자신이 인정받고 싶은 상대에게 자꾸 부족한 모습만 보여줄 때의 안타까움과 안쓰러움이 애란에게 녹아들어가 있습니다. 그러니까 애란은 교장 선생님에게는 인정을 갈구하는 또 다른 명은이인 셈입니다.

어떻게 하면 1996년 무렵의 인물상을 고증하면서도, 트렌디한 인물을 구축할 것인가에 대한 고민이 모두 애란에게 들어가 있습니다. 그런 애란이 관객의 마음에 가닿았다면 그것은 모두 임선우 배우의 근성과 집념 덕분입니다. 리허설을 끝내고, 뭔가 2% 부족함을 느끼는 상태에서 저도 배우도

입안에 침이 다 마를 정도로 녹초가 되어 있을 때 던진 선우
배우의 한마디를 잊지 못합니다.

"찾아야죠. 해내야죠."

어느 맑은 날, 무주에서였던가요. 영화가 상영된
무주산골영화제의 평화로운 여정 속에서 선우 배우와 차를
타고 가고 있었습니다. 열린 차창 밖으로 6월의 상쾌한 바람이
불었고, 저는 창밖으로 금방 떠오른 말을 흘려보냈습니다.

"저는 애란이라는 이름이 참 좋아요. 사랑 애, 계란 란."

선우 배우도 바람을 통해 응답해왔습니다.

"저도 그 이름 정말 좋아해요. 애란."

그렇습니다. 우리는 애란을 사랑으로 품었습니다.

경희

선생님도 그렇지만, 문학, 연극, 드라마, 영화를 통틀어
누군가의 아빠 혹은 누군가의 엄마라는 역할은 너무나도
역사가 유구한 역할입니다. 그리고 직접적이건 간접적이건
관객들은 누구보다도 엄마, 아빠에 대한 많은 데이터를
가지고 있습니다. 그렇기 때문에 '내가 보여줄 부부 혹은
부모의 모습은 어떤 것인가'에 대한 작가이자 연출자인 저의
관점이 중요했습니다. 저는 너무 젊어서 슬픈 부부를 보여주고

싶었습니다. 너무 빨리 사랑에 빠져, 결혼해서, 아이들을 낳고, 고생도 일찍 시작한 그런 부부 말입니다. 그래서 캐스팅을 할 때 엄마, 아빠가 절대 상상이 되지 않는 젊은 배우면 좋겠다고 생각했습니다.

한창 배우를 찾고 있을 때 장선 배우가 출연한 전작들을 보았습니다. 매 작품마다 장선 배우는 정형화되어 있지 않은 날것의 연기를 보여주고 있었습니다. 이 배우는 어떤 사람일까 궁금하여 인터뷰들을 찾아보았습니다. 보라색으로도 염색하고, 초록색으로도 염색을 한, 뭐랄까 굉장히 개성 넘치고 자유로운 영혼처럼 보였습니다. 이런 젊은 배우가 땅에 발붙이고 사는 지극히 현실적인 인물을 맡게 된다면 어떨까 하는 궁금증이 생겼습니다.

미팅 장소에서 장선 배우를 기다리고 있었습니다. 그날이 첫 만남이었는데, 실제로 만나본 장선 배우는 매우 소녀 같고, 따뜻한 온기를 가진 겸손한 사람이었습니다. 장선 배우가 가방에서 꺼낸 수첩이 유독 기억에 남습니다. 그도 그럴 것이 아무것도 적혀 있지 않은 새 수첩이었기 때문입니다. 아마도 이 미팅을 위해 혹은 이 배역을 위해 새로 산 수첩임이 분명해 보였습니다. 저도 수첩을 좋아하기 때문에 그 수첩이 의미하는 것이 무엇인지 짐작해볼 수 있었습니다. 그것은 새로운 시작에 대한 설렘이기도 하고, 뜻밖의 영감들을 만나게 될 것이라는 예술가의 기대이기도 할 것입니다. 저도 그날 수첩을 들고

있었는지는 기억이 나지 않습니다. 하지만 저의 눈과 마음의 수첩에 장선이라는 유일무이한 존재의 빛나는 조각들을 마구마구 담고 있었습니다. 실제로 장선 배우를 만나고 난 뒤 저는 여러 영감이 떠오르기 시작했습니다.

명은이 상장을 들고 왔을 때 경희가 그냥 상장을 보면 되는 장면이었지만, 장선 배우로 인해 경희의 손에 젓갈 양념을 묻혀 상장에도 빨갛게 묻게 하고 싶었고, 이에 더해 당황한 경희가 막행주로 상장을 닦으면서 "어떡하냐. 어떡하냐"라고 쩔쩔매는 대사를 내뱉는 디테일이 생겨났습니다. 장선 배우는 그 디테일에 또 디테일을 더해 그다음 명은이 또 상장을 들고 왔을 때는 상장을 만지기 전에 연신 행주에 손을 닦아내는 세밀한 연기를 보여주었습니다. 이것은 장선 배우의 수첩과 저의 수첩이 일으킨 시너지 중 하나의 예일 뿐입니다.

처음 현장의 모니터에 담긴 장선 배우의 얼굴을 보았을 때, 저는 깜짝 놀랐습니다. 그 안에는 제가 알면서도 알지 못하는 엄마 '경희'가 있었기 때문입니다. 그 낯선 얼굴을 만들어내기 위해 장선 배우는 얼마나 많은 메모를 했을까요? 장선 배우의 수첩을 떠올릴 때면 저도 모르게 가슴이 뜨거워집니다.

성호

"강길우 배우가 시대극 속으로 들어간 모습이 궁금해요."

강길우 배우를 처음 만났을 때 한 말입니다. 정말 궁금했습니다. 허리춤에 키를 주렁주렁 달고 다니고, "엄마 아빠도 옛날엔 다 힘들게 살았어"라는 '나 때는 말이야' 레퍼토리를 내뱉는 그 시절의 아버지가요.

특히 성호는 움직임의 반경이 크지 않은 인물입니다. 주로 누워 있거나, 고작 몇 발짝 왔다 갔다 하는 것이 전부이기 때문입니다. 제가 놀랐던 것은 그 반경 안에서 이 배우가 해내는 연기의 디테일이었습니다. 일례로 손님을 맞이할 때 들고 있는 젓갈 비닐 걸이를 능숙하게 돌리는 손목 스냅에서 저는 황홀함을 느꼈습니다. 그것은 단순히 배우가 소품을 가지고 노는 잔동작이 아니었습니다. 성호라는 인물이 이 업에 오래 몸담고 있었음을 보여주는 관성적인 습관이었습니다. "내가 이 젓갈 장사를 몇 십 년 했냐면요…" 열 마디를 하는 것보다 그 동작 하나면 충분했습니다. 그것은 제가 지문으로도 쓸 수 없는 배우의 놀라운 디테일입니다.

강길우 배우가 캐스팅이 되고 나서 생긴 신 중에 제가 유독 좋아하는 것은 성호가 변호사 동창을 만나는 장면입니다. 변호사 명함을 주는 동창에게 주머니에서 꼬깃꼬깃한 영수증을 건네며, "젓갈 사러 와. 맛있어"라고 말하는 배우의 모습을

상상하니 너무나 짜릿하고 궁금했습니다. 강길우 배우는 그 대사에 능청스러움을 얹었는데, 그때 강길우 배우의 눈빛과 얼굴의 근육은 제가 감히 상상하지 못했던 성호의 얼굴입니다.

이 작업을 하면서 '좋은 배우는 감독을 움직이게 만든다'는 말을 여러 번 느꼈습니다. 누구도 시키지 않았지만, 그 배우를 근사하게 보이게 하고 싶어 끊임없이 머리를 굴렸습니다. 좋은 배우는 그것을 자기만의 방식으로 더 근사하게 업그레이드하고, 거꾸로 감독이라는 첫 관객을 감동시킵니다. 그래서 배우 캐스팅은 제게 매우 중요합니다. 그것은 주연이건, 조연이건, 단역이건 모두 같습니다. 한 사람을 만나는 일은 한 세계를 만나는 일이고, 그것은 감독과 작품의 성장에 커다란 영향을 미칩니다. 이 작품에서 캐스팅의 타협은 없었습니다. 신중에 신중을 기했고, 정말 하고 싶은 배우들과 작업했습니다. 배우는 저의 자랑이자, 자부심이자, 자존심인 이유가 그것입니다.

혜진

명은이가 성공의 가도를 달리고 있을 때, 그러니까 가짜 승리를 쟁취한 순간, 그런 명은이의 세계를 와르르 무너뜨릴 새로운 인물을 등장시키고 싶었습니다. 영화 〈아가씨〉의 표현을 빌려, 저는 혜진을 '명은이를 망치러 온 구원자'라고 말하곤 했습니다. 명은이는 '거짓말'로, 혜진이는 '솔직함'으로 대척점에 있는 인물입니다. 저는 이 작품에서 거짓말과 솔직함의 양극단으로 끝까지 가보고 싶었습니다. 두 인물을 통해서 말입니다. 그래야만 했던 것은, 저는 여전히 '솔직한 게 좋은 걸까, 거짓을 말하는 게 좋은 걸까?'를 모르기 때문입니다. 어른이 되고 보니 더 어렵습니다. 답을 몰랐기 때문에 이 질문을 끝까지 가져갔고, 그것이 이 작품을 만드는 데 동력이 되었습니다. 또 답을 찾고 싶었기 때문에 양쪽을 똑같은 무게감으로 보여주고자 했습니다. 그렇게 함으로써 관객으로 하여금 스스로 생각해보게 하는 기회를 마련하고 싶었습니다.

명은의 캐스팅 못지않게 공을 들인 것이 혜진의 캐스팅입니다. 장재희 배우는 오디션을 통해서 만났습니다. 곱슬기가 있는 긴 머리에 안경을 쓰고, 주황색 상의를 입고 온 장재희 배우의 첫인상이 떠오릅니다. 제가 장재희 배우를 처음 본 건 〈리틀 포레스트〉라는 영화에서였습니다. 김태리 배우의 아역으로 나왔는데, 시간이 흘러 그곳에 있었습니다. 저는 궁금했습니다. '이 배우는 그동안 어떻게 성장해왔을까?' '어떤 시간을 거쳐왔을까?'

저에겐 이 배역에 어울릴지가 아니라, 이 사람은 어떤 사람일지에 대한 호기심이 먼저입니다. 그날 인상 깊었던 것은 장재희 배우의 흡수력이었습니다. 혜진이라는 인물은 사실상 현실에서 보기 힘든 인물입니다. 그런데 저는 혜진과 같은 인물을 몇몇 만난 적이 있습니다. 비슷한 환경 속에서도 다른 태도를 가진 사람, 내가 부끄럽게 생각하는 것을 부끄러움의 대상에조차 올려놓지 않는 그런 사람 말입니다. "너는 어떻게 해서 그렇게 특별하게 되었니?"라고 늘 물어보고 싶었지만, 역으로 제가 평범한 사람임을 인정하기 싫어 물어보지 못했던 것 같습니다. 하지만 물을걸 그랬습니다. 정말 궁금했으니 말입니다. 어쨌든 그런 만남은 제가 존재했던 세계를 한껏 흔들어놓고, 얼마 가지 않아 사라져버리곤 했습니다. 영화 속 인물처럼 신비롭게 말입니다. 한 사람을 만남으로 해서 그 사람이 남겨놓고 간 잔상은 강했습니다. 당시 상대에게 느꼈던 감정이 부러움과 동경 혹은 열등감일지도 모릅니다. 하지만 지나고 나서 보면 그 존재는 나를 한층 더 복잡한 인간으로 만들었습니다. 뭐지? 뭘까? 뭐야? 자꾸 저의 머리와 마음에 파고들어와 균열을 일으켰습니다. 저는 가끔 그 혜진이들이 몹시 보고 싶습니다.

　다시 돌아와 하던 얘기를 이어가자면 그 나이 또래에서 그토록 자기 주관이 뚜렷하고, 그런 방식으로 말을 내뱉는 사람은 거의 본 적이 없을 것입니다. 그렇기 때문에 혜진은 머리끝부터 발끝까지 전부 만들어내야 하는 인물이었습니다. 장재희 배우는 연출자가 요구하는 디렉션을 모두 다

해냈습니다. 지칠 법한 순간에도 재희 배우에게는 의지가 있었습니다. 그 의지는 연출자에게 보여주기 식의 의지가 아니었습니다. 그 이상의 단단하고 강인한 무엇인가가 있었습니다. 예상은 적중했습니다. 보이지 않은 곳에서 얼마나 노력을 했는지, 현장에서 저는 재희 배우에게 거의 디렉션을 줄 것이 없었습니다. 장재희 배우는 이미 혜진이 되어 있었기 때문입니다. 저는 여전히 궁금합니다. '이 배우는 앞으로 어떻게 성장해갈까?' '어떤 시간을 거쳐갈까?' GV에서 듣게 되는 장재희 배우의 진중한 태도와 그녀가 해석한 혜진의 이야기를 듣다보면 이런 생각이 듭니다. 어쩌면 장재희 배우는 나에게 혜진이 아니었을까?

엔딩 신

엔딩 신은 촬영을 준비할 때까지도 고민했습니다. 무엇이 진짜 엔딩일까? 이것만큼은 작가 이지은에게 충분한 시간을 주고 싶었고, 기다리고 싶었습니다. 답을 찾는 과정 중엔 멋진 비주얼을 보여줄 수 있는 스케일이 큰 엔딩도 있었고, 명은의 캐릭터에 '엣지'를 줄 수 있는 파격적인 엔딩도 있었습니다. 저는 가슴에 손을 얹고 마지막으로 자문해보았습니다. '이게 맞아? 이 결말이 명은이가 원하는 거야, 아님 작가이자

감독인 이지은이 원하는 거야?' 생각해보니 모두 이지은의 야망이었습니다. '그렇다면 명은이가 진짜로 원하는 게 뭘까?' 저는 명은이의 진짜 목소리를 들어야 했습니다. 얼마 가지 않아 이 질문도 틀렸다는 걸 깨달았습니다. 명은이는 지금까지 말하지 않고 치열하게 보여줘왔습니다. 명은이를 잘 보아왔다면 명은이가 무엇을 원하는지도 충분히 눈치챌 수 있었을 것입니다. 명은이를 제대로 보기 위해서 저는 다시 기다려야 했습니다.

지금 각본의 엔딩은 그 기다림 끝에 얻은 답변입니다.

언덕에 올라 돌아보다

—이지은 감독 인터뷰

김혜리
《씨네21》 편집위원

〈비밀의 언덕〉이 상영되는 극장에서 나는 흘끔흘끔 주변 관객들 눈치를 봤다. 누군가 이 영화가 나의 이야기이기도 하다는 사실을 알아차리고 쳐다볼 것 같아서. 명은(문승아)과 혜진(장재희)은 내가 잘 아는 여자애들이었다. 글쓰기가 직업이 되기 오래전에 다만 내가 어떤 사람이 되고 싶은지 까먹지 않으려고 글을 썼던 날들이 있었다. 직접 겪은 경험만으로 '솔직하게' 글을 쓰기에는 살아온 시간의 부피가 간장 종지만 했던 나이. 쓰려면 무엇인가 상상하고 꾸며내야 했고 꾸며내는 시간은 즐거웠다. 열두세 살 무렵 나의 글은 일기도 편지도, 진실과 진실이길 희망하는 것들의 산란하고 찬란한 범벅이었다.

명은은 의지대로 살고자 하는 작은 야심가다. 5학년을 맞아 포부가 크지만, 가정환경조사서 면담이 큰 걱정이다. 시장에서 젓갈 가게를 하는 부모님은 명은의 이상과 거리가 멀다. 오직 돈벌이가 관심사인 엄마 아빠는 의미나 아름다움을 이야기하는 법이 없다. 타인을 돕는 일에도 환경보호에도 무심하고 '주지도 받지도 말자'가 철학이다. 하지만 명은은 포기하지 않는다. 가족에게서 벗어난 공간인 학교에서 반장 활동과 글쓰기를 통해 원하는 자아를 구축한다. 거기에는 거짓말이 포함된다. 명은의 노력이 성공을 거둘 즈음 차원이 다른 글을 쓰는 전학생이 온다. 열두 살의 세계를 그린 〈비밀의 언덕〉은 신기하게도 유년기를 향한 노스탤지어를 부추기지 않는다. 대신 내가 원하는 내가 되겠다고 하루하루 정성껏 살아갔던 시절의 감각을 일깨운다. 나의 비겁을 깨달은 순간의 서늘한 부끄러움, 모순 앞에 부서졌다가도 더 키가 자라 일어섰던 회복력을 그리워하게 만든다. 수치심도 희망도 흐릿해진 성인 관객까지 흔든 이 영화는 어디서 출발해 어떤 경로로 전망 좋은 언덕에 도착했을까?

김혜리 〈비밀의 언덕〉의 이야기는 언제부터 당신의
   마음속에 있었나? 첫 장편영화의 소재가 될 줄 알았나?
이지은 하나의 이야기라기보다 가정환경조사서라는 종이
   한 장이 영화감독이 되기 전부터 항상 마음에 있었다.
   평범한 서식일 뿐인데 포함된 설문 항목에 직업의
   귀천이라든가, 한 인간의 과거가 미래를 규정한다는 인식이
   들어 있지 않나.
김혜리 사적으로 특별한 일화라도 있는지?
이지은 매번 쓰기 싫었다. 가훈과 좌우명도 나는 평범한
   걸 원했는데 부모님은 자꾸 '인간이 되라'가 가훈이라고
   하셨다.(웃음) 살아보니 그만한 교훈이 없긴 한데 당시에는
   내 바람과 조금씩 다른 그런 튀는 것 하나하나가 싫었다.

평범하고 싶은 욕구가 있었나보다. 교우관계 항목도
마찬가지다. 학기 초에 친구를 사귀지 못하면 이후에 밥은
누구랑 먹어야 할 것이며 소풍 가서는 누구랑 놀 것인가
등등 모든 것이 걸려 있지 않나. 친한 친구 이름으로 나는
아무개를 썼는데 걔는 날 안 쓰면 어떻게 해야 할지.(웃음)
가족, 친구 등 타인이 관계된 항목은 전부 쓰기 어려웠다.

김혜리   감독이 되기 전부터 가정환경조사서를 마음에
담아두었다면 영화 아닌 글이나 연극이 될 수도 있었을까?

이지은   특정한 인물과 사건이 없어서 이야기로 발전되지
않았다. 그러다 영화 매체에 관심을 갖고 영화들을 보면서
내가 만들고 싶은 캐릭터를 상상하기 시작했다. 그러다
욕망이 삐죽삐죽 튀어나오는 작은 여자 캐릭터를 떠올렸다.
가정환경조사서와 이 캐릭터가 결합해 〈비밀의 언덕〉이
만들어졌다.

김혜리   주인공 명은은 보통 영화 주인공과 달리 마냥
착하거나 극단적 상황에 처해 있지 않다. 완성형의
독립적이고 주체적인 소녀는 아니지만, 왕성한 욕망의
주체다. 관객으로서 10대 여성 캐릭터에 대한 어떤 갈증이
있었나?

이지은   자신의 욕망에 대해 수줍어하지 않고 사교성도
좋은 작은 여자를 그리고 싶었다. 예컨대 명은이 글을
쓰는 장면도 원래는 통일전망대 계단에 앉아서 쓰는

거였다.(웃음)

김혜리   사실 그리 호감형은 아니다.(웃음)

이지은   〈비밀의 언덕〉이 베를린 국제영화제 제너레이션
부문에서 상영됐는데 거기서 약간의 천국을 맛보았다.
명은뿐 아니라 제너레이션 부문 초청작 속 인물들이
연령대는 비슷한데 욕망이 너무나 다채로워서 멋있었다.
한 시상식에서도 청소년 심사위원들이 딱 양편에 팔짱 끼고
앉아 있다가 앞에 나와 심사의 변을 발표했다.

김혜리   감독들은 성인이라 불가피하게 회고적으로 청소년
영화를 만들기 마련인데, 당사자인 청소년이 심사하는 건
좋은 아이디어다. 관객으로서도 성장 서사나 10대 초반이
주인공인 영화를 좋아했나?

이지은   특별히 좋아한다기보다는, 그 시기에 겪을 수 있는
인간적인 고민과 갈등을 본다. 내 두 단편의 주인공은
80대, 65세였다. 그때도 노인보다 그 연령대가 겪는 갈등이
관심사였다.

김혜리   도입부에 1996년이라는 연도가 명시된다. 그러나
명은이라는 소녀를 통해 시대의 공기를 그리는 쪽이 아니라
개인을 보여주기 위해 주변의 시공을 끌어들이는 식으로
연출했다. 그 점에서 1994년 대치동을 배경으로 적시한
〈벌새〉와 흥미롭게 비교되기도 한다. 한편 〈비밀의 언덕〉의
공간은 성원시라는 픽션의 도시다. 혹시 성남과 수원

합체인가?

이지은   초등학생이 어른 없이 롯데월드를 다녀올 수 있는
거리의 수도권 도시다. 이 작품의 경우는 판타지가 아닌
현실적인 드라마로서 우리가 잘 아는 공간과 직업들이
나오는데, 극을 위한 장치나 묘사가 누군가에게는 상처가
될 수 있다는 우려 때문이었다.

김혜리   그럼 왜 1996년이었나?

이지은   가정환경조사서를 둘러싼 분위기를 제대로
느낄 수 있는 세팅이 필요했다. 교실 앞쪽에서 선생님이
친구와 조용히 이야기하는데도 내 귀에 들릴 때 쫄깃하고
쿵쾅거리는 감정을 표현하고 싶었다. 1996년 나는
5학년이었고 그해 국민학교가 초등학교로 바뀌었다.
적어도 영화 속 학교가 '국민학교'는 아니었으면 했다.(웃음)
그리고 1997년은 IMF 위기가 와서 교실 풍경이 또
달라졌다.

김혜리   주관적 시간으로 볼 때 10대는 매우 길다. 열
살부터 열아홉 살까지는 수많은 '사건'이 일어나는 평생
가장 긴 시기다. 그중에서도 하이틴과 10대 초반은 차이가
큰데 열두 살 무렵에 주목한 특별한 이유가 있나?

이지은   기본적으로 내가 우리 가족과 타인의 가족을
비교하며 괜히 부끄러움을 느낀 시기가 언제인지 거슬러
올라가봤다. 내가 나로서 서 있을 수 없고 죄책감을 안게 된

때가 언제였는지 더듬어보니 그즈음이었다. 〈비밀의 언덕〉
시나리오를 쓰는 동안 초등학교에서 예술 강사로 여러
학년 학생을 가르쳤는데, 1학년부터 6학년까지 학년마다
너무나 달랐다. 5학년쯤 되면 담임 교사 애란과 명은의
독대 장면에서 보듯 설득하기 힘들다. 내가 연극을 가르칠
때 일인데, 왜 나는 주인공을 할 수 없는지 따지는 학생을
납득시키기 정말 어려웠다.

김혜리   아, 캐릭터 해석이나 예술적 견해 차이가 아니라…
(웃음)

이지은   나는 누구보다 열심히 했고 이 배역을 정말 하고
싶은데 왜 대사도 얼마 없는 다른 역이어야 하는지를
묻는 거다. 그런데 모든 사람이 주인공을 할 수는 없지
않나. 그래서 강사는 천국과 지옥을 오가게 된다. 갑자기
학생이 연습에 안 나오기도 하고 울기도 하고. 가장
소통이 잘된 건 4학년이었다. 일단 3학년까지는 공주,
왕자나 환상을 믿는 편이고 5, 6학년은 강사에게 반응이
없다. 4학년이 딱 반반이다. 그래서 원래 시나리오에서는
명은이 4학년이었다. 적당히 현실적이고 적당히 이상적인.
그러다가 문승아 배우를 만났는데 당시 5학년으로 촬영에
들어가면 6학년이 될 거였기 때문에 4학년생 연기는
무리라고 판단했다.

김혜리   성인 관객의 눈으로 보기에는 4학년이나 6학년이나

비슷하지만 아이들 입장에선 막대한 차이다.

이지은   원래 구상했던 명은은 조금 더 어리고 귀염성이
있었다. 배우가 들어오면서 명은의 현실적 성격이
부각됐다.

김혜리   앞서 말한 대로 성인 감독이 만드는 청소년
영화는 동시대의 이야기라기보다 노스탤지어에서 비롯된
이야기이기 쉽다. 초등학교 현장 경험이 도움이 됐나?

이지은   예술 강사를 하며 눈이 맑아지지 않았다면 영화를
안 만들었을지도 모른다. '동심'이라는 말을 무척 싫어해서
프리프로덕션부터 촬영, 편집 그리고 홍보까지 제일 많이
했던 말이 "아이처럼 표현하지 말아달라, 그냥 인간으로
표현해달라"였다. 명은처럼 리더를 자처하는 친구가 현실에
실존하는지도 나의 중요한 궁금증이었다. 만약 없는데
캐릭터로 만든다면 자의적이고 괴물 같을 테니까. 그런데
있더라! 반 회장이 여학생이었는데 카리스마로 아이들을
휘어잡더라.

김혜리   그런 권위는 선생님이 회장에게 부여해주는 건가?

이지은   강사로서 교실 관리의 일정 부분을 대신 맡기고
가르치는 데에만 집중할 수 있으니 편하긴 했다. 나조차
기에 눌려 "얘들아, 나 먼저 갈게" 하고 퇴근했다.(웃음)

김혜리   아동영화나 성장영화라는 명칭이 〈비밀의 언덕〉에
         부적당하다고 여기는 것 같은데 여성영화로 불리는 건
         어떤가?

이지은   별로 원치 않는다. 그냥 인간으로 그리고 싶어서
         성별을 특별히 생각하진 않았다. 물론 남자였다면 많은
         것이 달라졌겠지. 예컨대 1990년대에는 반장이나 회장은
         남자, 부반장과 부회장은 여자 몫이었다. 영화 속에서도
         명은의 친구들이 도시락을 먹다가 "난 부반장이나
         나가볼까" 하는 장면이 있다. 부반장이 인식의 한계다.
         그리고 명은이니까 그 한계를 넘어 질러본 거다.

김혜리   가족 전체가 등장하는 영화는 식구들이 한데 모였을
         때 느낌도 봐야 한다. 외모의 닮음 말고 공동체적 느낌을
         배우들 사이에 형성해야 할 텐데.

이지은   일단 최초로 캐스팅한 문승아 배우와 붙는 배우들은
         최소 한 번은 미리 만났다. 아빠 역의 강길우, 엄마 역의
         장선, 담임 교사 역의 임선우 배우는 사실 오래전부터
         점찍어두었다. 긴 시간 좋아하며 내가 쓴 지문과 배우가
         맞지 않아도 어떤 부분을 끌어올 수 있을지 궁리했다.

김혜리   명은이 부모 직업을 감추는 모습을 보면서 상점을
         번듯하게 운영하는데 그렇게 부끄러울까 의아하기도 했다.

하지만 명은의 결핍감은 부모가 번듯한 중산층이 아니라는
열등감이라기보다 존경할 수 있는 성인을 주변에 두고
싶은 욕망의 이면 같았다. 친구네 부모를 부러워하는 일도
보편적 경험 아닌가. 가출해서 친구 집 갔는데 그 집 엄마는
합리적이고 내 이야기를 잘 들어주신다거나. '엄친아'의
역버전이랄까?

이지은　　나는 재봉틀이 있는 집이 그렇게 좋아 보였다. 친구
엄마가 재봉틀로 소품을 만들고 예쁘게 간식 갖다주시는 게
부러웠다.

김혜리　　명은은 담임에게 "아버지는 종이 만드는
회사원이고, 어머니는 아주 평범한 가정주부"라고
거짓말한다. "아주 평범한 가정주부"라는 말이 갖는 의미도
매우 시대적이다.

이지은　　당시 이상적인 엄마는 간식, 도시락 잘 챙겨주고
학교에도 자주 오는 전업주부였던 것 같다. 경제적 형편도
있지만 감수성 문제가 크다. 성인들에게 젓갈은 비싼
음식인데, 아이들은 빨간 젓갈보다 노르스름하고 예쁘게
조리된 돈가스에 끌리는 거다.

김혜리　　가족을 찍을 때 집 안의 공기를 보여주려면 어떤
장면이 필요하다고 생각하는지?

이지은　　〈비밀의 언덕〉에서 처음 가족이 소개되는 장면은
대게를 먹는 가족 식사다. 촬영 전 연출 노트에 "멀리서

볼 때는 파란색인데 가까이에서 보면 빨간색이다"라고
끄적였다.

김혜리　　무슨 뜻인가?

이지은　　늦은 저녁 식사를 하는 명은네 집은 어두침침하고
화목해 보이지 않지만 가까이 들여다보면 붉은 게에서
김이 모락모락 난다. 남에겐 인색할지라도 자식 밥만큼은
잘 챙겨 먹이는 부모인데, 비싼 음식을 별러서 사 먹이는
것 자체가 그들에겐 사랑이다. 집에서 먹어봐야 어디
가서도 먹어봤다고 말할 수 있으니 아빠가 아이들에게
먹는 법을 알려주기도 한다. 대게는 교양 있게 먹기 힘들고
알뜰하게 끝까지 먹어야 한다. 그래서 게걸스럽기도 한
식사 광경을 카메라가 한 명씩 보여준다. 어쨌든 명은네
식구들은 우아한 편이 못 되고 우악스럽고 날이 서 있는
사람들이지만 부모의 따뜻한 애정을 보여주고 싶었다.
당사자 명은은 못 느껴도 영화를 보는 어른들은 느꼈으면
했다.

김혜리　　평범한 식사 신이지만 말로 설명하지 않고 보여주는
것들이 있었다. 밤 10시를 가리키는 시계의 인서트(장면
중간에 삽입된 쇼트)를 보며 저녁 식사를 늦게 한다는
사실이 이 가족의 중요한 특성이라고 생각했다. 일찍
하교한 남매가 부모를 기다렸다 다 같이 저녁을 먹는다.
그러다보니 종일 바쁘게 지내다가 저녁을 폭식하는 습관이

보인다.

이지은　　　맞다. 우리가 밖에서 정말 힘든 일을 해치우고
돌아왔을 때 폭식하지 않나. 특히 엄마 경희는 시도 때도
없이 손님을 응대하느라 바나나 한 개도 끝까지 못 먹기
때문에 폭식할 수밖에 없다. 명은은 거기까지 생각이 닿지
않겠지만 관객들은 낮 동안 부모의 생활을 그려볼 수 있다.

김혜리　　　엄마 아빠가 일하는 시장은 어떻게 헌팅하고
촬영했나? 저예산 독립영화라 어려움이 있었을 텐데.

이지은　　　시장 장면을 일정상 몰아서 찍었다. 외부와
내부가 다른 로케이션이고 서울의 한 시장이었다. 본래
젓갈 가게였고 아빠 성호가 걸핏하면 누워서 자는 공간만
새로 만들었다. 강길우 배우 다리가 길어서 쉽지 않았다.
거의 움직임이 없는 연기를 한정된 공간에서 하는데도
테이크마다 다르게 해서 감탄했다.

김혜리　　　〈벌새〉의 주인공 오빠도 그랬지만 명은의 오빠가
벌써 작은 가부장의 기미를 보여 흥미롭기도 했다. 오빠의
성격을 어떻게 만들었나?

이지은　　　명은이 폭주형 인간이라 중간중간 "이래도 돼? 이거
맞아?"라고 제동을 걸 인물이 주변에 있길 바랐다. 오빠와
나중에 전학 오는 중요한 인물 혜진이 그런 역할이었다.
명은이 듣건 안 듣건 그런 캐릭터가 없다면 명은이 한없이
미워 보일 것 같았다.

김혜리   오빠도 부모를 싫어하지만 밖에 나가면 가족을
         놀리는 친구들과 싸우는 반면 명은은 아예 부모의 존재를
         감춘다.

이지은   같은 집에서 살거나 비슷한 환경에 있더라도
         사람들은 다르게 대응한다. 그리고 그래야만 명은이
         정반합의 과정을 거쳐 성장할 거라는 생각이 있었다.

김혜리   부모를 부끄러워하는 아이치고는 명은이 젓갈
         가게에 너무 자주 가는 게 아닐까 하는 생각도 했다.(웃음)
         저래서야 시장 오가는 이웃 눈이 있는데 학교에서 비밀
         유지가 되겠나 싶었다.

이지은   얻어내고 싶은 것이 있으니까.(웃음) 선거 출마를
         위한 새 옷을 조르기도 하고 상 탄 걸 자랑해서 기쁨을
         선사한 다음 보상을 얻기도 한다.

김혜리   2023년 영화 명대사를 뽑는 자리에서, 명은이
         분리수거 안 하는 엄마한테 외치는 "아, 왜 이렇게
         막살아!!"를 꼽은 적이 있다. 엄마 입장에서는 막살긴커녕
         하고 싶은 거 전부 꾹 참고 진짜 열심히 살았을 텐데
         아이러니다.

이지은   막산다는 그 말에는 엄마한테 상처 주고 싶은
         마음도 들어 있다. 엄마한테 받은 상처가 누적돼 자기도
         힘든데 차마 부모한테 욕을 할 수도 없으니 엄마 아프라고
         던진 말이다. 부모를 부끄러워하는 행위는 금기지만

우리 모두 느끼는 감정이기도 하다. 터부를 한번 깨고
싶었다. 명은이 직접 그 선을 건드리게 해서 우리가 다시
되돌아보게 되도록.

명은이가 느껴야 할 모든 굴욕과 수치심

김혜리   명은은 목표가 생기면 공표하거나 어른들에게
말하지 않고 어떻게 하면 일을 성사시킬까 플랜을 짠다.
어느 줄을 당기고 누구를 구워삶으면 될까 궁리한다.
원하는 걸 쉽게 가지는 법이 없이 살아온 사람답다. 열두
살로서는 보기 쉽지 않은 유형이다.

이지은   부모를 숨긴다는 목표가 가장 큰 동력이다. 그리고
명은은 인정받고 싶은 욕구가 굉장히 강해서 과정을
얘기하지 않고 결과만 이야기한다. 도움받지 않고도 해낼
수 있는 사람이라고 입증하고 싶은 거다. 부모는 나의
걸음마부터 다 알고 있지만 학교에 들어가면 부모가
모르는 내 사회가 생긴다. 명은이 스스로 생각하는 자신은
불우한 타인을 돕는 사람이지만 집에서는 그걸 이루지
못한다. 그런데 학교에서는 내가 돕고 싶은 친구를 도울
수 있다. 마치 직장 같은 거다. 학교에서 부모 도움 없이
우뚝 섰다고 한 번에 짠 하고 보여주는 것이 명은에게 가장

큰 성취감을 준다. 명은이 가출하는 장면에서 시나리오에 "그동안 자신이 쟁취해서 얻었던 것들을 모두 가방에 챙겨넣는다"라고 썼다. 상장이며 일기장 같은 물건이다.

김혜리   명은은 상장을 들 때도 꼭 인쇄된 면을 바깥쪽으로 든다.(웃음) 꼭 물어보려던 질문이 있다. 명은에게 선물이란 무엇일까? 엄마에겐 머리띠를 선물하고, 선생님한테는 머그컵을 선물하고, 취재에 응해준 샐러리맨에게도 미리 답례 선물을 준비해 간다.

이지은   보상이다. 엄마는 남에게 주지도 말고 받지도 말라고 하는데 명은은 먼저 줄 수도 있고 뭔가 받았으면 반드시 답례하는 인간이다. 작고 귀여운 뇌물일 수도 있고 자기 마음을 전달하기 위해 가능한 한 모든 정성을 다 기울이는 행위이기도 하다. 선물을 받고 기뻐하는 상대를 보는 걸 좋아한다.

김혜리   어떻게 보면 이기적이고 어떻게 보면 이타적인 욕망이다. 명은은 용감하기도 하다. 볼일 있으면 혼자 통일전망대도 가고 시청 관련부서도 찾아간다. 회사원을 찾아 엘리베이터 회사 앞에서 섭외도 한다.

이지은   명은은 쓰레기를 분리수거하는 스스로에게 취하는 타입이다. 평화에 대한 글을 쓴다고 통일전망대를 찾아가서 느끼는 것도 같은 맥락이다. 편집됐지만 평화 글짓기 대회 분량이 좀더 있었다. "일요일 아침에 TV 만화를 보는 대신

북한 땅이 보이는 통일전망대에 다녀왔습니다"라는 문장도
있었다.

김혜리   명은이 적극적으로 거짓말을 한 경우를 살펴보면,
첫째 학급 비밀 우체통에 여러 사람인 척하고 사연을 넣고
경쟁심을 느낀 혜진의 편지를 빼돌렸다. 둘째로 가짜
가족을 지어냈다. 하지만 이 일들은 적어도 영화 속에서
파국을 부르지 않는다. 그러니까 명은이 친구들 앞에서
비난받는 상황은 오지 않는다. 감독이 명은을 감싼 것
아닐까?

이지은   일단 그 또래에서는 그보다 더한 실수라도 할 수
있다고 생각했다. 몰라서 누군가의 물건을 훔칠 수조차
있다. 단지 나중에 어떻게 깨닫고 반복하지 않느냐가
중요하다. 그리고 내게 진짜 무서운 건 타인에 의해
까발려지고 욕먹는 것이 아니라 내 안에 죄책감을 갖고
있는 거다. 예를 들어 내가 남의 물건을 훔쳤다면 절도
사실이 폭로되는 것보다 그 사실을 갖고 살아야 한다는
점이 훨씬 두렵다. 나는 영화 속에서 명은이 모든 굴욕과
수치심을 느끼길 바랐다. 명은의 마음에 있는 공포를
그리고 싶었다. 시야가 넓어서 반에서 누가 친구가 없고
외로운지까지 파악하는 명은이는 자기의 거짓이 피해를
주지 않을까 하는 두려움도 컸을 거다.

김혜리   오히려 진실을 쓴 글이 공개됐으면 마음 편했을

텐데 대상을 탄 글이 묻히면서 친구들은 명은의 가족에 대해 모르고 넘어간다. 적어도 영화가 끝날 때까지는. 명은에게 더 무거운 짐을 지고 가도록 만드는 결말인 셈인가?

이지은   어쩌면 나는 영화에서 극적 장치로 뭔가를 폭로하는 걸 선호하지 않는 작가인지도 모른다. 단지 감독이 세팅해줄 수 있는 건 잠깐씩 조언을 주고 목소리를 들어주는 사람들뿐이다.

가짜 승리를 깨뜨릴 수 있는 존재의 등장

김혜리   영화에는 나오지 않으나 시나리오에는 4학년까지 명은의 꿈이 개그맨으로 되어 있다. 그래서 감독이 5학년을 명은이라는 사람의 인생에서 중대한 변곡점으로 설정했나보다 짐작했다.

이지은   5학년의 중대함은 헤어스타일로도 표가 난다.(웃음) 5학년에는 반장 출마를 포함해 뭔가 해보리라 작심하고 방학 동안 펌을 한 거다. 영화 마지막 부분 6학년이 된 이후에는 원래 자기 스타일인 생머리로 돌아가 있다.

김혜리   〈비밀의 언덕〉이 반환점을 돌 즈음 혜진과 하얀 자매가 전학 온다. 5학년 명은이 한 사람으로서 가장 큰

폭의 변화를 겪는 계기가 이 자매들과의 관계다. 그런데 혜진과 하얀이 평범한 인물이 아니라서 캐릭터의 기원이 궁금하다.

이지은   일단 등장 시점이 중요했다. 시나리오 작법에서 중간에 갑자기 새로운 인물을 등장시키는 건 피하라 한다. 관객들이 세팅을 새로 고쳐야 하니까. 하지만 이번만은 규칙을 어겨보려고 했다. 명은이 가짜 승리를 하는 순간 그것을 깨뜨릴 수 있는 존재가 나타나길 바랐기 때문이다. 말 그대로 정반합의 전개다. 그래서 영화가 절반에 이른 시점에 난데없이 혜진이 나타나야 했다.

김혜리   학원물에는 마침 전학이라는 편리한 장치가 있다.(웃음) 혜진은 여러모로 명은의 대척자 같은 캐릭터이기도 하다.

이지은   일단 헤어스타일부터 판이하다. 혜진 역 장재희 배우가 곱슬기가 있었는데 하나하나 폈다. 명은의 가짜 세계를 깨줄 수 있는 동년배가 필요했다. 친구들에 비해 평범하지 않은 환경이라는 점은 같지만 명은과 다르게 대응하는 존재, 명은이를 능가하는 센 인물이 필요했다.

김혜리   문승아, 장재희 배우에게 각기 어떤 연기 연출을 했나?

이지은   명은 역의 문승아 배우는 전작들을 통해 배우로서의 모습을 먼저 봤기 때문에 배우의 인간적 면모를 꺼내려고 노력한 반면 혜진에게서는 장재희 배우를 지우려고 했다.
세상에 없는 듯한 이상적 캐릭터를 만들려고 했다. 그래서
초반에 배우에게 많이 요구했다. 혜진이는 이렇게 앉지
않을 거 같아, 말끝을 그렇게 흐리지 않을 것 같아 등등.
그렇게 혜진이란 인물이 완성됐다. 재희 배우는 〈리틀
포레스트〉에서 김태리 배우의 아역을 했는데 그사이에
어떻게 지냈을까, 어떤 현장을 겪고 어떤 것을 봤을까
궁금했다. 아니나 다를까 굉장한 노력파였다. 끈기 있고
외유내강의 성격이 강렬히 인상에 남았다.

김혜리   혜진뿐 아니라 동갑내기 자매 하얀이 필요했던
이유는 무엇인가?

이지은   일단은 어떤 신비로움을 주고 싶었고 둘째로 혜진을
왕따로 절대 만들고 싶지 않았다. 왕따 하면 모두 떠올리는
시나리오를 깨고 싶어서 본인이 의지할 수 있는 짝을
만들어줬다.

김혜리   실은 혜진과 하얀의 전사前史를 스핀 오프로 보고
싶다는 마음이 있다.

이지은   혜진에 비해 하얀은 대사도 없고 기능적인 캐릭터로
보일 수도 있을 것이다. 어렸을 때 그런 친구들이 있었던
것 같다. 말수도 적고 존재감도 엷은데 어느 자리에나
끼어 있는. 그런데 언젠가 잊지 못할 경험을 했다. 나는 그
친구가 그리 중요한 사람이라고 생각지 않았는데 또 다른

친구가 그 친구를 너무 소중하고 귀하게 대하는 걸 봤다. 신기하고 신비로웠다.

김혜리 　　과연 하얀이 없는 혜진은 상상하기 힘들다. 그럼 명은에게서 혜진이 본 것은 무엇일까? 자기를 밀어내려고 한다는 신호가 명백하지 않았나?

이지은 　　혜진은 한 수 위다. 명은을 손바닥 보듯 들여다본다. 그리고 혜진 역시 약간 도취해 있다고 본다. 돈가스집을 알려주고, 놀이공원에도 데려가고, 새로운 멋진 것을 알려주는 만족감이 있을 거라 생각한다. 혜진은 명은을 경쟁자로 치지 않는다. 처음 전학 왔을 때부터 인사 구령을 들으란 듯 크게 하는 반장 명은을 보고 나를 견제하는 애라는 계산이 섰을 거다. 네가 아무리 그래도 나는 여러 번 전학을 통해 이미 겪은 일이라는 자신감이 있었을 테고, 글쓰기의 노하우를 알려준 것도 알려준들 명은은 그렇게 못 쓸 거라 생각해서다. 그러다가 명은이 시 글짓기 대회에 낸 글이 더 큰 상을 받으면서 처음으로 혜진이 표정 관리를 못 한다.(웃음)

김혜리 　　한쪽은 진실을 미화하는 거짓말을, 다른 한쪽은 위악적인 솔직함을 무기로 삼는데 따지고 보면 양쪽 모두 사회적으로 살아남으려는 방어기제다. 둘 다 글이 갖는 모종의 정치적 힘을 무의식 중에 아는 것 같다.

이지은 　　초등학교 다니면 작문할 일이 많다. 어떻게 써야 교사들이 좋아한다는 전략도 생기고 이번엔 상을 탈 것 같다는 감도 생길 수밖에 없다.

김혜리   그래서 한 평론을 보니 〈비밀의 언덕〉을 '거짓말에 관한 영화'로 봤더라. 어찌 보면 거짓말은 불가피한 삶의 일부인데 명은의 여정은 거짓말을 끝까지 성공적으로 끌고 가는 과정이기도 하다. 또한 명은의 5학년은 옳고 그름이 복잡해지는 세계로 들어가는 문턱이기도 하다. 극중에서 던지는 거짓말은 나쁜 것인가, 솔직하면 더 좋은 것인가? 이 질문은 감독의 화두인가?

이지은   인터뷰를 하고 있는 지금 이 순간도 정답을 찾지 못했다.(웃음) 재미를 위해 보태서 말하는 게 좋을지, 심플하게 말하는 것이 좋을지 갈등하고 있다. 어릴 때부터 창작자가 된 지금까지 계속된 이 문제가 미결이라는 사실이 내가 〈비밀의 언덕〉을 만들 수 있는 동력이 됐던 것 같다. 이 어려운 문제를 눈에 보이도록 영화로 만들어놓고 정확하게 보고 싶었던 것 같다.

김혜리   영화를 보며 혜진이 좀 걱정됐다. 본인은 달관했다고 생각하겠지만 교내방송으로 사생활에 대한 이야기를 낭독하는 모습에 염려도 들었다. 명은이 혜진을 만난 건, 우수상의 세계에서 최우수상의 세계로 넘어가는 지평 확대지만, 혜진의 미래를 생각하면 좀 막막하달까.

이지은   혜진도 5학년이고 성장 중이다. 우리 영화는

명은에게 포커스를 맞췄지만 혜진이 6학년 때 누구를
만나서 어떻게 바뀔지는 모르는 일이다. 관객과의 대화에서
두 배우에게 각자의 캐릭터가 계속 글을 쓸 것 같냐는
질문이 나왔다. 명은은 자기를 찾았으니 더 이상 쓰지
않았을 것 같다고 했고, 혜진은 글로 인해 살 수 있었기
때문에 계속 썼을 거라고 하더라. 그 대답을 듣고 이 영화는
한 감독, 작가에 의해 만들어진 영화가 아니라 주체적인
인물들이 함께 만든 영화임을 깨달았다.

김혜리　　극중에서 내레이션으로 읽히는 명은과 혜진, 하얀의
글을 들으며 놀라웠다. 성인인 작가/감독이 초등학생이
상을 받을 만한 글, 더욱이 인물 개성이 반영된 문체를
만들기 어려웠을 텐데.

이지은　　피아노 연주나 스포츠를 다루는 영화도 진검승부를
하는데 〈비밀의 언덕〉에서 글을 제대로 보여주지 않으면
도망치는 거라고 생각했다. 인물로만 이야기를 하고 정작
그가 쓴 글을 보여주지 않는다면 회피이기 때문에 신경을
썼다. 나 자신이 명은처럼 글쓰기 대회 나가던 아이였으니
그때 감정과 전략을 기억하고 있었다. 훅hook(독자의 주의를
잡아채는 대목)이 있어야 하고 살짝 어려운 말도 섞어 써야
한다. 영화에 나온 국어사전이 내가 초등학생 때 쓰던
거다. 대회가 있으면 일단 서점이나 도서관 가서 관련자료
조사부터 하곤 했다. 경험에 더해 요즘 초등학생들은 어떤

스타일로 쓰고 어떤 글이 상을 타는지 찾아봤고 마지막으로
배우들과 같이 글도 써봤다.

몽타주에 담긴 어른들의 뒷모습

김혜리　　형식에 대한 몇 가지 질문이 있다. 반장 선거할
때 유세가 아니라 유세 연습을 보여주고 관객은 친구들의
리액션 숏을 보고서야 연습이었음을 안다. 그리고 정작
선거 장면은 생략했다.

이지은　　무엇을 보여줄 것인가의 문제였다. 반장 선거하면
우리가 떠올리는 '바를 정正' 자 쓰는 장면은 필요 없었다.
내가 전하고 싶었던 것은 너무나 당선되고 싶어하는
열망이었다.

김혜리　　명은과 담임 김애란 선생 둘이 독대하는 장면이 몇
차례 있다. 일대일 대화 시퀀스가 여러 번 반복될 때 긴장을
유지하고 차별화하는 작업이 쉽지 않았을 텐데 어떻게
촬영을 계획했나?

이지은　　리허설 때 한번은 임선우 배우와 문승아 배우가
신을 준비하다 녹초가 됐는데 뭔가 빠져 있는 거다. 그때
"이거 스릴러는 아니지만 스릴이 있어야 될 것 같다"라고
배우들에게 말했다. 그때 서로의 밑바닥을 봤다고 할까.

리허설에서 우리가 할 수 있는 모든 걸 했고 현장에 가서는 최소한의 테이크로 갔다. 내가 학생을 설득하며 천국과 지옥을 오간 경험을 앞서 말했는데 영화에서도 대상을 그냥 받으라는 애란의 설득에 명은이 몇 차례나 넘어갈 듯하다가 안 넘어간다. 설왕설래를 한번 줄여야 할까 고민했지만 끝내 '밀당'을 줄이지 않았다. 두 입장이 충돌하고 명은이 진실을 말할 듯 하지 않는 스릴을 영화적으로 잘 표현하고 싶었다.

김혜리   명은이 대상을 받은 글은 돌아가신 할머니에게 보내는 편지 형식이다. 글이 읽히는 동안 몽타주 시퀀스(따로 촬영한 장면을 이어붙여 시간을 압축 전달하는 시퀀스)로 명은이 부끄러웠던 가족의 결함을 보여주는 숏들이 편집돼 있다. 혹시 이 대목이 영화 내내 나온 가족 묘사를 반복한다는 걱정은 없었나? 설명이 과하다는 우려는 없었나? 몽타주가 앞서 나온 장면을 다른 각도로 찍은 숏으로 이뤄진 걸 보면 처음부터 계획된 것 같긴 한데.

이지은   내게는 제일 중요한 시퀀스다. 오죽했으면 전주국제영화제에서 국내 최초 상영을 하는데 이 시퀀스 직전에 배우 한 명이 화장실을 가고 싶다고 해서 이 몽타주 끝날 때까지는 안 된다고 했다.(좌중 웃음) 여기를 클라이맥스라고 생각하는 이유는 이전까지 명은의 시점으로 관객을 이끌어가다가 이 몽타주에 이르러 명은이가 보지 못한 어른들의 시점이 들어감으로써, 어린 시절을 경험했고 이제는 어른인 관객의 마음에 충돌이 일어나기 때문이다. 10분이 넘는 이 시퀀스를 정말 교묘하게 잘 만들고 싶어서 음악감독님을 처음 만났을 때부터 강조했다.

김혜리　　　손바느질한 시퀀스인 셈이다.

이지은　　　내가 인생에서 좀 더 일찍 이 영화를 만들었다면 온전히 명은의 시선에서 만들었을 것이다. 인물의 마음만 잘 전달하면 충분했을 거다. 하지만 나는 더 이상 명은의 마음으로만 영화를 만들 수 없는 나이가 됐다. 이미 나는 어른들의 뒷모습을 읽을 수 있게 됐고 관객들 대부분은 그럴 것이다. 그래서 이 몽타주에서는 이를테면 엄마가 컴컴한 새벽에 가게 문을 여는 일이 매일 얼마나 무서운지 보여주고 싶었다. 여기엔 배우를 만나 생긴 디테일들이 많다. 아빠가 변호사 친구 만나서 명함을 받고는 이것밖에 없다며 영수증을 내민다거나 엄마가 딸이 타온 상장에 빨간 물을 묻히고 어쩔 줄 몰라한다거나.

김혜리　　　가족 식사 신에서 썬키스트 오렌지 주스 공병을 물병으로 쓰는 걸 보고 추억이 되살아났다. 오히려 가까운 과거가 영화미술을 하기 어려울 수도 있는데 미술팀과 어떤 논의를 했나?

이지은　　　예산이 적은 독립영화여서 인물에 공을 들이는 전략을 짰다. 배경보다 인물의 생각을 고증하려고 했다.
이를테면 커튼 자체보다 아이 학급에 커튼을 들고 와서
직접 달아주는 어머니들과 그것을 구경만 하고 있는 교사의
태도로 1996년을 보여주는 식이다.

김혜리 인물과 분위기를 이해하면 눈에 보이는 것들을
자연히 납득할 거라는 생각 같다.

이지은 애란의 화장법, 명은의 헤어스타일처럼 인물을
감싸고 있는 메이크업, 의상, 장신구, 음식과 활동반경
내 물건에 집중했다. 예를 들어 옛날에 나오던 작은 선물
스티커 같은 소품에 집착했다.

김혜리 담임 애란이 습관적으로 지각을 하면서도 만화
〈캔디 캔디〉의 이라이자처럼 머리칼을 말고 오는 모습도
재미있었다.

이지은 그것도 진지한 설정이었다. 사람이 내면이 허하면
밖을 치장한다. 아직 성숙하지 않은 교사 애란은 맨날 이
직업이 나한테 맞나 고민하며 잠들고 일어나서도 생각하는
거다. 학교 가는 게 맞을까 무의식적으로 꼼지락거리다가
지각한다.

김혜리 애란의 캐릭터가 그래서 좋았다. 학생 눈에는
선망할 만한 성인 여성이지만 실상은 졸업하고 임용된
지 오래지 않은, 학생과 마찬가지로 칭찬받고 싶은 사회
초년생이다.

이지은   교장 선생님에게 칭찬을 못 받으니 학교 가기 싫은
        거다.(웃음) 예술 강사 일을 하면서 선생님들에 대해서도
        맑은 눈을 얻었다.

김혜리   영화 후반에 입선 상장을 받은 명은이 가출해 있는
        동안 찾지 않았던 부모의 가게로 간다. 이때 상장을 보고
        기뻐하는 엄마 아빠의 모습은 영화 앞부분에서 본 그들보다
        덜 속물적으로 보인다. 영화 속 경험을 통해 성장한 명은의
        주관적 시점을 통해 본 모습이라서일까?

이지은   부모님도 딸이 집을 나가 있는 동안 많은 생각을
        했을 것이다. 아마 엄마와 아빠는 명은이 학교에서 어떻게
        생활하는지는 여전히 모를 거다. 하지만 고깃집에서
        자기들이 부끄러워 딸이 도망갔다는 건 눈치챘을 것이다.
        그리고 거론하지 말자고 부부가 정했을 것 같다.

김혜리   결말에 가서야 〈비밀의 언덕〉이라는 제목의 의미를
        알게 된다. 시청까지 가서 되찾아온 대상 받은 원고를
        명은은 태우거나 비밀 서랍에 넣지 않는다. 사람들이
        오가는 언덕에 원고지 그대로 얕게 묻는다. 처음 정직하게
        쓴 중요한 글을 이렇게 특정한 방식으로 처리한 데에는
        감독과 인물의 복잡한 동기가 있을 것 같다.

이지은   일단 이 원고는 명은의 생각에도 최고였을 것이다.
        혼신을 다해 쓴 인생의 역작. 어떤 불편함 때문에 세상에
        공개하지는 않기로 했지만 명은에게 최고로 근사한 의식을

마련해주고 싶었다. 버리거나 찢으면 글을 부정하는 건데 그건 아니고 지금은 세상에 내놓을 수 없지만 최대한 잘 묻어주고 싶었다. 그리고 명은은 구태여 산에 올라 의식을 치르는 자신의 모습에 도취돼 있다. 그 나이 대에 가질 수 있는 어떤 멋이다.

김혜리   그 멋에 대한 욕망이 없으면 창작하기 어렵다.(웃음)

이지은   여태 가졌던 허영심과는 다른 결이다. 내가 뭐가 됐든 종종거리며 돌아다녔던 동네가 내려다보이는 언덕에 올라서서 나름대로 자신의 최고 역작을 잘 묻어준다는 의미였다. 그런데 문승아 배우가 이런 말을 하더라. 명은이는 일주일 가기 전에 몇 번 파낼 거라고.(좌중 웃음)

김혜리   살아오면서 글쓰기가 실제로 삶의 어떤 국면을 돌파하는 데 도움을 준 적이 있나?

이지은   어려서는 칭찬받으려고, 나는 좀 다른 사람이란 걸 보여주기 위해 글을 썼다. 어른이 되고는 연극연출가, 영화감독이 되고 싶었고 인물의 청사진을 보여주려면 대사와 지문이 필요해서 글을 썼다. 각본을 쓰는 내 목적은, 무엇보다 일일이 내가 말해주지 않아도 배우가 감정을 알고 상상력을 가동할 수 있도록 하는 것이다. 그래서 최대한 담백하게 감정을 표현하지만, 예컨대 첫 신의 소품을 무엇으로 하느냐 같은 문제를 굉장히 고심한다. 영화의 무드나 인물의 성격을 그것이 표현할 수 있으니까.

김혜리   그럼 각본 쓸 때 배우를 독자로 상정하고 쓰는 건가?

이지은   〈비밀의 언덕〉은 명은의 물아일체한 표정으로 끝난다. 그런데 '물아일체'라는 단어는 시나리오 지문으로 쓰기엔 좀 추상적이다. 좀 더 시각적인 표현들이 있는데도 굳이 물아일체라고 썼던 이유는 내가 그 결기를 잊고 싶지 않아서였다. 명은이가 글을 쓰는 건지, 글이 인물이 된 건지 알 수 없는 느낌을 구현하고 싶었다. 영화를 찍다보면, 처음에 영화를 만들게 한 무엇을 잊을 수도 있다. 그것이 각본의 첫째 목적이고, 두번째로는 시나리오를 읽는 스태프나 배우들의 기량을 최대로 발현시켜야 한다. 짧은 순간에 그게 가능하려면 현장의 말보다 이미 약속된 무엇이 있어야 한다고 믿어서 최대한 공들여 쓴다.

김혜리   데뷔작 촬영 현장을 힘들었다고 기억하는 감독도 많다.

이지은   각 부문 스태프와 장기간 일하면서 사람을 보게 됐다. 단편은 사흘에서 닷새 사이에 찍게 되니까 그런 경험을 제대로 못 했다. 한데 장편은 배우와 각 파트의 스태프를 한 분씩 만날 때마다 영화가 조금씩 더 좋아지는 걸 실감했다. 그분들의 세계가 나의 세계와 만날 때 예상치 못한 것들이 나왔다. 촬영 중 반 친구 역할을 한 단역 배우가 있었는데 편집실에서 깜짝 놀랐다. 그 친구가

'액션' 사인이 나오면 매번 가방에서 뭘 꺼내는 연기를 나름
자연스럽게 하려고 노력하고 있었다. 아주 작은 역이지만
"나는 여기서 앉아서 그저 시간을 보내는 게 아니라 남과
다른 학생1을 만들 거야"라는 결심을 보면서 또 다른
명은이를 봤다. 영화 현장은 각자 집에서 소중히 갖고 온
욕망들이 만나는 장소였다.

나는 왜 썼는가, 왜 쓰는가, 왜 쓸 것인가
— 글쓰기라는 성城

김혜정
소설가

너를 만나기 전과 후

초등학교 4학년 때 나와 이름이 같은 아이와 같은 반이 되었다. 혜정과 나는 공통점이 많았다. 딸 셋 중 둘째 딸이며 돌도 안 된 남동생이 있고, 부모님 중 한 분이 선생님이라는 것. "어? 너도?" 우리는 비슷한 점을 찾으며 금방 친구가 되었다. 물론 다른 점도 많았다. 혜정은 나와 달리 글씨를 아주 예쁘게 잘 썼고 그림도 멋지게 그렸고 글마저 잘 썼다. 열한 살은 저학년에서 벗어난 지 얼마 되지 않았기에 중학생 수준의 혜정의 글과 그림은 단연 돋보였다. 혜정은 늘 사생대회나 백일장에 나가 상을 받았다. 전교생이 운동장에 모여 하는 조회시간마다 혜정의 이름은 늘 단골로 불렸는데 그때 마치 내가 상을 받는 것처럼 뿌듯한 마음이 들기도 했다. 혜정은 또래에 비해 어른스러웠고 내가 몰랐던 세상과 사람들에 대해 알려주기도 했다.

나는 혜정이 좋았다. 질투가 많은 내가 마냥 좋아한 친구는
혜정이 유일했을 거다. 혜정은 동경의 대상이었고 나는
혜정을 닮고 싶었다. 혜정을 따라 노트를 산 후 글씨체를 따라
써보기도 했고, 조금씩 글도 써봤다.

5학년이 되며 혜정은 다른 지역으로 이사를 갔지만
우리는 한동안 편지를 주고받았다. 혜정의 편지는 재미있었고
사랑스러웠다. 혜정이 들려주는 새 학교 이야기를 읽다보면
마치 내가 혜정과 함께 그 학교에 다니고 있는 듯했다.
나도 혜정처럼 재밌게 편지를 쓰고 싶었다. 영화 속에서
명은의 세계가 혜진을 만나기 전과 후로 달라진 것처럼 나도
그랬다. 게랄트 휘터는《존엄하게 산다는 것》에서 인생에
전환점이 되는 것으로 두 가지를 꼽았는데 그중 하나가
'만남'이다(두번째는 뒤에 이야기하겠다). 혜정과의 만남을 통해
나의 많은 것이 만들어지고 변했다. 나는 처음으로 글쓰기에
관심을 가졌다. 혼자 노트에 이것저것을 적는 건 꽤나
재미있었다. 그림 낙서도 하고 지금 내 기분을 간략하게 적기도
하고 아무 말이나 적으며 혼자만의 시간을 즐겼다.

글짓기 대회에 나가고 싶었지만

1996년 열두 살 명은은 자꾸만 나를 과거로 데려갔다.

놀랍도록 명은의 파마 머리는 1994년 열두 살이었던 내 머리 모양과 똑같았다. 감독님이 어릴 적 내 사진을 보고 간 건가 싶어 흠칫 놀라다가 그 시절 열두 살 여자 어린이의 표준 머리 스타일이었을 거라는 합리적인 추론을 내렸다.

명은처럼 나도 글 쓰는 걸 좋아했지만 나와의 뚜렷한 차이점이 하나 있었다. 명은과 달리 나는 백일장 대회에 나간 적이 거의 없다. 열두 살 나는 한창 글쓰기에 관심을 갖고 글쓰기를 좋아했지만 반에서 글짓기 대회에 나가는 건 몇몇 아이들뿐이었다. 담임 선생님은 글을 잘 쓰는 아이들을 뽑아 대회에 나가도록 했는데 그중에 나는 없었다. 글을 쓰는 걸 좋아하는 나는 어떻게든 대회에 나가고 싶었다. 언제까지 선생님의 간택을 받기를 기다릴 수 없었기에 선생님에게 말씀을 드려야 했다. 하지만 지금과 달리 당시에 나는 극명한 내향형 'I'라 직접 말을 하지 못했다. 대신 매일 쓰는 일기장에 '나도 글짓기 대회 나가고 싶다' '나도 ○○처럼 대회에 나가면 상 받을 수 있을 것 같은데'라고 썼다. 선생님은 '검사 완료' 도장만 찍어주셨을 뿐 나를 대회에 내보내주지 않았고 도저히 안 되겠다 싶어 선생님을 찾아갔다. 덜덜 떨며 "선생님, 저도 글짓기 대회 나가면 안 돼요?"라고 물었고 선생님은 나를 보며 빙긋 웃으시며 대답하셨다.

"혜정아, 글짓기 대회는 상 받을 아이들이 나가는 곳이잖아."

6학년 때 담임 선생님도 똑같이 말씀하셨다. 나는 상 받을 만한 글을 쓰지 못한다는 것을 받아들이고 싶지 않았지만 받아들여야만 했다. 앞에서 게랄트 휘터가 말한 두번째가 바로 '실패'인데, 글짓기 대회에 참가 못 하는 실패는 나의 세계를 바꾸었다. 네가 나를 받아주지 않아? 그럼 나도 안 나가고 말지! 글짓기 대회를 보이콧(?)하기로 마음먹었고 학교나 기관에서 주최하는 글짓기 대회에 눈길을 주지 않았다. 잘 쓴다고 칭찬받거나 상 받을 글을 쓰지 않을 테다. 나는 그냥 혼자 쓸 거야.

나를 지켜준 글쓰기

글짓기 대회에서 쓸 것 같은 글은 쓰지 않았다. (아니 기회를 얻지 못했으니 쓰지 못했다고 해야 하나?) 내가 좋아하는 동화와 소설을 흉내 내서 따라 쓰기 시작했다. 실제의 나는 똑같은 하루를 반복하며 하릴없이 살고 있는 지나치게 평범한 10대 학생이지만, 내가 쓰는 이야기 속에서는 달랐다. 나는 말도 안 되게 공부를 잘하지만 부모님의 공부 강요로 스트레스를 받아 가출을 한 남자 모범생이고, 끝내주게 잘생기고 멋진 남자친구를 둔 여고생이고, 중세 시대인지 다른 행성인지 알 수 없는 곳에서 홀로 외로움을 즐기는 아이이기도 했다.

이야기 속에서만큼은 나는 뭐든 될 수 있고 뭐든 할 수 있었다. 물론 쓰다가 만 작품이 수두룩하고 구상만 하고 쓰지도 못한 이야기가 더 많다. 그래도 좋았다. 교실 안에서 반 아이들과 우호적인 관계를 유지하는 건 늘 피곤했고 시험이란 존재는 나를 자주 숨 막히게 했다.

나를 견디고 버티게 해준 건 '이야기'다. 주말이면 동갑내기 사촌과 만나 비디오 대여점에서 비디오를 서너 개쯤 빌려 매운 떡볶이를 먹으며 함께 봤다. 영화 몇 편을 내리 볼 수 있는 주말을 기다리며 한 주를 보냈다. 사촌과 나는 아주 진지하게 영화 속 상황에 대해 이야기했다. "너라면 저 상황에서 어떻게 할래?" 곧 우주인 침공을 받을 것처럼, 당장 두 남자 중 한 명을 선택해야만 하는 것처럼 말이다.

이미 만들어진 영화나 소설을 보는 것도 좋아했지만 새 이야기를 상상하는 것도 좋아했다. 아직 세상에 없는 이야기와 인물을 내가 먼저 찾아내고 움직이게 만드는 것 같았으니까. 어릴 적 나는 마론인형을 가지고 노는 것을 좋아했는데 내가 만드는 이야기는 마론인형의 집과 비슷했다. 이야기를 생각할 때면 나는 현실의 어려움과 피로와 고민을 잊었다. 현실이 짜증나고 미우면 내가 만든 이야기 세계를 떠올리며 안심했다. 그 세계는 그래도 내 뜻대로 움직이니까. 그곳에서 공격을 받더라도 끝내 나는 행복해지니까. 이야기를 만들다보면 세상 사람들은 다 사라지고 이 세상에 나만 홀로 남은 것 같은 기분이 드는데, 그건 외롭고 무섭다기보다 나 자신이 온전해지는 듯하다. 고백하자면 나는 여전히 현실에서 김혜정으로 살아가는 것보다 이야기를 상상하고 꿈꾸고 만들 때가 더 좋다.

명은과 혜진의 글쓰기

현실은 내게 친절하지만은 않다. 왜 자꾸 나를 힘들게 하고 괴롭히는지 도저히 알 수가 없을 때가 많다. 그럴 때면 나는 이야기 속으로 숨었다. 글쓰기가 어릴 때나 지금이나 내게 견고한 성이 되어준 것처럼 명은과 혜진에게도 마찬가지가 아니었을까.

명은은 자신의 현실을 숨기고 싶어한다. 돈 한 푼에 연연하며 젓갈 가게를 운영하는 우아함과는 거리가 먼 엄마가 창피하고, 하는 일 없이 엄마 가게에서 누워 있기만 하는 아빠도 부끄럽다. 연년생 오빠도 마음에 들지 않는 건 매한가지다. 누가 봐도 명은네 오빠인데 명은은 싸우고 있는 오빠를 친오빠가 아니라고 박박 우긴다.

급기야 명은은 다른 사람을 엄마 아빠로 위장하여 친구들에게 보여준다. 이미 어른이 되어버린 나는 영화를 보며 나도 모르게 명은보다는 명은 엄마인 경희 씨에게 감정이입을 하며, '에구, 명은아. 왜 그렇게까지 하냐'며 명은에게 속으로 잔소리를 했다. 엄마는 젓갈 가게 '대표님'이시지 않느냐, 나는 그 시절 대게를 한 번도 먹어보지 못했는데 너는 집에서 대게를 먹다니, 상 받으면 부모님이 외식도 꽉꽉 시켜주다니 부럽구나, 하며 말이다.

하지만 명은이 점심으로 먹는 김밥의 비밀이 밝혀지는 순간 나는 명은을 안아주고 싶었다. 5학년 때 나도 늘 도시락 반찬을 가리며 밥을 먹었으니까. 친구들은 소시지와 미니 돈가스, 계란말이 반찬을 싸왔는데, 내 반찬은 늘 집에 있는 멸치나 김치볶음 같은 밑반찬이었다. 어린 아기를 돌보는 엄마가 아침마다 새 반찬을 하는 건 어려웠기 때문이다. 지금은 밑반찬 만드는 데 시간이 많이 가는 걸 깨달았기에(우리 집 냉장고엔 밑반찬이 없다) 엄마가 밑반찬 여러 개 만드느라 고생 많았다는 걸 알지만 열두 살의 김혜정이 그걸 알 리가 있나. 친구들과 달리 맛도 없고 성의도 없는 도시락 반찬을 친구들에게 보여주고 싶지 않았다. 어쩌면 친구들은 내 반찬에 별로 관심 없었을지 모르지만 그 시절은 '보이는 나'에 더욱 민감하다. 그렇기에 명은은 아빠가 싸준 젓갈 반찬을 버리고 용돈을 쓰면서까지 수고스럽게 김밥을 사서 스스로 도시락을 싼다. 명은의 거짓은 그뿐만이 아니다. 반장이 되어 야심 차게 만든 비밀 우체통에 사연이 오지 않을 것을 걱정해 사연을 꾸민다. 거짓말로 만든 성은 언젠가 무너질 확률이 크고, 무너지지 않더라도 그걸 떠받치고 서 있는 건 무겁다. 그렇기에 거짓의 성을 쌓는 명은이 힘겨워 보였다.

　그러나 글을 쓰는 동안의 명은은 달랐다. 글 쓰는 명은의 모습은 너무나 즐거워 보였다. 비록 글짓기 대회에 나가기 위해 쓰기 시작했지만, 명은에게 상은 부수적인 것뿐이다. 산에 올라가는 이유가 정상에 오르기 위해서가 아닌 것처럼 말이다. 글짓기는 '거짓말이 허용되는 세계'이기에 명은은 글을 쓰는 동안에는 얼마든지 더 거짓말을 해도 된다.

　명은이 허용된 거짓말의 수단으로 글짓기를 선택했다면 혜진은 그 반대다. 혜진의 글쓰기는 진실 드러내기를 택한다. 엄마의 직업을 솔직하게 아가씨 골목에서 일하는 사장님이라고 밝히고, 하얀이 친자매가 아니라는 사실도 글쓰기를 통해 고백한다. 젓갈 반찬을 숨기고 싶어하는 명은과 달리 혜진은 자매와 함께 컵라면을 먹으면서 웃는다. 혜진은 알고 있다. 자신의 상황을 숨기고 꾸민다고 좋을 게 없다는 것을. 진실이 드러났을 때 오히려 더 비난받고 거짓말쟁이로 몰릴 뿐이므로 그럴 바에는 처음부터 자신을 솔직하게 보여준다. "하얀이와 엄마가 혜진을 세상 어딘가 아무도 모르는 어두운 곳에 숨기지 않았듯이, 앞으로 혜진도 그들을 숨기지 않을 것"이라고 당당하게 말한다. 혜진에게 글쓰기란 외부의 공격으로부터 나를 지키는 견고한 성이다. 혜진의 고백을 들은 이들은 더 이상 뒤에서 수군거리지 못하리라.

한쪽 눈 감고 말하기

명은은 혜진이 자신과 달리 솔직함을 드러내어 더
인정받고(혜진 자매의 상이 더 높았을뿐더러 아이들은 명은이의
글을 발표할 때는 듣지도 않다가 혜진 자매의 글은 귀 기울여 듣는다)
짧은 시간에 글쓰기를 해내는 것을 보고 혜진을 따라하려고
한다. 하지만 돌아오는 것은 불편함이다. 있는 그대로 글을
썼을 때 높은 상을 받을 수 있지만 가족에게 상처를 줄 수
있기에 명은은 대상을 포기하며 자신의 글과 속마음이 세상에
드러나는 것을 막는다.

영화는 6학년이 된 명은이 자신에 대한 글짓기를 하는
장면으로 끝나는데 분명 명은의 글쓰기는 5학년 때와 달라졌을
거다. 혜진을 만나기 전에 완전히 꾸며 썼다면 이제는 어느
정도 드러낼 것은 드러내고 숨길 것은 숨기지 않을까?

솔직하게 자기 자신을 다 드러낼 필요는 없다. 선생님
애란은 명은에게 말한다. "중요한 건 솔직하지 않더라도,
비록 거짓을 말하고 있더라도 상대방의 마음을 헤아리는
마음"이라고. 따지고 보면 세상에 솔직하기만 한 사람은 없다.
오죽하면 진실만 말하게 되는 저주에 걸린 인물의 이야기가
여러 번 영화로 나오지 않았겠나.

지각하는 담임 선생님을 위해 교장 선생님은 일부러 반
아이들 앞에서 아프지 않냐며 묻고, 버스가 고장 났다고

거짓말을 해준다. 명은의 엄마 아빠 역시 명은의 거짓말을
알면서 모른 척해주고, 삼촌은 명은을 위해 회사에 다니는
척 양복을 입고 명은을 데리러 와준다. 명은도 조금씩 깨닫고
있다. 거짓말은 상대를 기만하기 위해서가 아니라 때로는
상대를 보호하기 위해 하기도 한다는 것을. 상대에게 거짓말을
하고 있다는 수신호를 보낼 때 한쪽 눈을 윙크하는데, 세상을
살아가며 윙크를 할 일이 자주 생긴다. 거짓말의 이면을 깨닫게
되며 아이는 어른이 되어간다.

나는 왜 쓰는가

사람마다 자신의 삶의 방식이 있듯 저마다 자신만의 글쓰기
방식이 있다. 얼마 전 만난 에세이를 쓰는 작가님은 나에게
어떻게 소설을 쓸 수 있냐며 신기하다고 했다. 소설을 쓰는
나는 반대로 에세이나 시 등 다른 장르의 글을 쓰는 작가들이
대단해 보인다. 에세이와 소설은 다르다. 에세이가 자신을
솔직하게 다 드러내 보인다면, 소설은 가짜 세계와 인물을
만들어낸다는 차이점이 있다.

　이제까지 쓴 작품 중에 어떤 글이 가장 좋냐는 질문을 꽤
자주 받는데, 그때마다 나의 대답은 같다. "한 작품을 꼽을 수
없어요." 내가 쓴 소설과 동화 모두 나의 일이니까. 내가 직접

경험한 것을 글로 쓰지는 않지만 모든 글에는 그 글을 쓸 때의 상황과 이유와 내 삶이 들어 있다. 살면서 행복하고 어려운 시절이 다른 만큼 어떤 글은 떠올리면 그때 참 편했지 싶고 또 어떤 순간은 생각도 하기 싫을 만큼 힘들기도 했다. 그래도 나는 그 순간들이 다 모여 내 삶을 이루기에 모든 삶이 다 소중하고 모든 글이 다 소중하다.

결국 에세이와 소설은 다르지 않다. 모든 글쓰기는 자기를 증명하기 위해 행해지고, 소설을 감싸고 있는 포장을 다 벗겨내면 작가만이 오롯이 남는다. 에세이스트나 소설가나 모두 자기의 이야기를 다른 방식으로 하고 있을 뿐이다.

명은과 혜진이 계속 글을 쓰면 좋겠다. 어른이 된 둘은 어떻게 살고 있을까? 이야기 짓기를 잘하는 명은은 소설가가, 혜진은 에세이스트가 되어 있지 않을까? 글쓰기라는 성이 두 아이를 단단히 지켜주기를, 두 아이가 스스로를 지키는 어른이 되어 있기를 바란다.

솔직한 글은 무조건 좋은 걸까

김중혁
소설가

좋은 영화를 보고 나면 글이 쓰고 싶어진다. 영화의 장면들을 머릿속으로 되짚으며 문장을 쌓아나가다보면, 영화에서 받았던 감동의 정체를 조금이나마 알게 된다. 가끔 더욱더 모를 때도 있지만, 질문만 늘어갈 때도 있지만, 어떤 결과로 이어지든 글쓰기가 끝나고 나면 영화가 내게 던진 질문이 명료해진다. 글쓰기는 내 마음의 섬세한 움직임을 따라가는 관찰이며, 나도 잘 몰랐던 나를 알아가는 발견의 과정이다.

좋은 영화를 보고 나면 말도 많아진다. 영화를 안 본 사람에게는 꼭 보라고 추천하고, 만약 영화를 본 사람이라면 붙들고 앉아서 영화의 좋은 장면을 반복해서 말하고, 좋았던 대사를 소리내어 말하고, 영화에 나오지 않았던 이야기를 상상해서 말하게 된다. 영화에 대해 함께 말할수록 더 오랫동안 영화를 기억할 수 있을 것 같아서, 그렇게 끊임없이 말하다보면 영화의 아름다운 장면들이 내 삶의 일부가 될 것 같아서, 좋은 영화를 보면 끊임없이 말하고 싶어진다.

때로는 좋은 영화를 보면 아무것도 하기 싫어진다.

'SNS는 인생의 낭비'라는 말은 축구 감독 퍼거슨이 했다고 알려져 있지만 오해가 끼어 있다. 'a waste of time'이라는 표현인데, 인생 낭비라기보다는 시간 낭비라는 뜻에 가깝다. 시간이 모여 인생이 되지만 시간을 낭비한다고 해서 인생이 낭비된다고 볼 수는 없다. 나는 영화 〈비밀의 언덕〉을 보고 나서 흥분에 휩싸인 채 SNS(정확히는 인스타그램)에 피드를 올렸고, 며칠이 지난 후 〈비밀의 언덕〉 GV 제안을 받았다. SNS는 시간 낭비가 아니었고, 내 마음을 누군가에게 전달할 수 있는 도구였다. 나는 곧바로 승낙했다. 영화를 본 사람들과 이지은 감독과 명은 역을 맡았던 문승아 배우와 함께 이야기를 나누고 싶었다. 좋은 장면을 좋다고 말하고, 촬영 현장에 대해 들어보고, 내가 이 영화를 왜 좋아하는지 '구구절절' 말하고 싶었다. 인스타그램에 적은 글은 이랬다.

> *"최근에 본 한국 영화 중에서 가장 깊이 공감했고, 가장 할 말이 많은 영화입니다. 솔직한 건 무조건 좋은 걸까요? 비밀은 어디까지 간직해야 할까요? 좋은 글이란 무얼까요?"*

〈비밀의 언덕〉은 글쓰기에 대한 영화다. 이렇게 단정짓는 건 감독에 대한 예의가 아니다. 〈비밀의 언덕〉은 성장 영화일 수 있고, 친구에 대한 영화일 수도 있고, 비밀과 거짓말에 대한

영화일 수도 있고, 가족에 대한 영화일 수도 있고, 선생님의
중요성에 대한 영화일 수도 있다. 좋은 영화는 원래 여러
가지 얼굴을 동시에 가지고 있다. 그래도 나는 글쓰기에 대한
비밀을 알려주는 영화라고 우기고 싶다. 글쓰기가 영화의 주요
소재다. 주인공 명은은 글쓰기 능력을 인정받아 학교에서 여러
개의 상을 받는다. 그러던 어느 날 명은의 강력한 라이벌이
전학 온다. 라이벌은 한 명도 아니고 두 명이다. 이란성
쌍둥이인 혜진과 하얀은 심지어 공동 창작을 한다. 명은은 과연
라이벌들을 이기고, 자신만의 글쓰기를 완성할 수 있을 것인가.
이렇게 적고 보니 서부 영화의 줄거리를 요약한 것 같지만
〈비밀의 언덕〉은 '창작자는 어떻게 탄생하는가'라는 질문에
대한 대답이라는 생각이 든다.

　　모든 일은 거짓말에서 시작됐다. 명은은 선생님과 친구들과
부모에게 거짓말을 한다. 상황을 모면하기 위해 거짓말을
시작한 명은은 들통나지 않기 위해 최선의 노력을 다한다.
시장에서 일하는 부모가 부끄러워서 친구들에게 "우리
아빠는 회사 다니는데? 엄마는 가정주부고"라는 거짓말을
한 명은은 자신의 거짓말을 완성하기 위해 취재를 시작한다.
처음 보는 아저씨에게 인터뷰를 요청해서 "어릴 적부터
꿈이 회사원이셨나요?" "회사원이 돼서 가장 뿌듯했을 때는
언제예요?" 같은 질문을 던지고 함께 사진을 찍는다. 사진을 본
같은 반 친구들은 "아버지가 왜 이렇게 젊으셔?"라며 놀라지만

의심을 품지는 않는다. 관객들은 명은의 거짓말에 조마조마한 마음을 가질 수밖에 없다. 분명 들통이 날 테니까, 오래가지 못할 거짓말인 걸 알고 있으니까 명은의 거짓말이 안쓰럽다. 하지만 거짓말하는 명은은 행복해 보인다. 친구들이 거짓말에 속아서가 아니라, 자신이 만들어낸 거짓말이 그럴듯해 보여서다.

명은이 거짓말에만 열심인 것은 아니다. '교내 평화 글짓기 대회'를 준비할 때는 통일전망대에 다녀오고, 환경에 대한 글쓰기를 하고 있을 때는 서점에서 환경 관련 책을 섭렵하고, 분리수거를 하지 않는 엄마에게 "왜 이렇게 막살아!!"라는 막말을 한다. 하나의 주제를 정하면 완전 몰입해서 그 세계를 살아내는 것이다. 글쓰기에서 가장 중요한 것은 세계를 장악하는 힘이다. 픽션이든 논픽션이든 마찬가지다. 쓰려고 하는 세계를 확실히 알고 있는 작가는 좋은 글을 쓸 수밖에 없다. 명은은 좋은 작가의 자질을 타고난 셈이다.

명은의 강력한 라이벌 혜진과 하얀은 정반대의 스타일이다. 노력하고 몰입하는 명은과 달리 두 사람은 타고난 이야기꾼들이다. 자신들의 경험을 강력한 언어를 동원하여 직설적으로 표현한다. 어떻게 하면 사람들의 관심을 끌 수 있는지도 정확하게 알고 있다. 두 사람이 함께 쓴 '평화'에 대한 글이다.

우리 자매에게 있어 평화는 점심시간이다. 학교를 전학 갈 때마다 귓가에 들려오는 수군대는 소리는 소리 없는 공격. 우리의 작디작은 심장에 커다란 구멍들이 생겼다. 더 어릴 적 우리는 매일매일을 전쟁하며 살았다. 전쟁의 이유는 부모님의 이혼과 엄마의 직업. 우리는 전학을 다니며 이름도 모르는 친구들과 매일 전쟁을 했고, 매일 보이지 않는 총알을 맞았고, 매일 피를 흘렸다. 하지만 우리는 더이상 싸우지 않는다. 선생님의 중재에 따라 억지로 화해하려고도 하지 않는다. 왜냐하면 또다시 싸울 테니까. 왜 꼭 억지로 통일을 해야만 하는가? 대신에 우리만의 평화를 어떻게 아름답게 가꿀지를 계획한다. 이제부터 이 원고지엔 우리만의 평화에 대해 써보려고 한다.

　초등학교 5학년의 솜씨라고는 믿기지 않는다. 글의 시작부터 도발적이다. 명은을 비롯한 많은 아이들은 평화라는 주제를 듣고 남과 북의 관계를 떠올렸지만 혜진과 하얀은 자신들의 삶을 바탕으로 평화라는 주제에 접근한다. '평화 = 점심시간'이라는 수수께끼 같은 선언을 먼저 해두고, 차근차근 설명한다. 내용도 파격적이다. 평범한 아이들이라면 감추려고 했을 부모의 이혼 같은 이야기를 전면에 부각시킨다. 두 사람의 글솜씨는 일단 독서량에서 비롯됐을 것이다. 명은은 평화 글쓰기를 준비하면서 도서관에서 평화와 관련된

책을 찾아 읽지만 혜진이 읽고 있는 책은 〈홍길동전〉과
〈박씨부인전〉이다. 주제보다는 주제를 실어 나를 방법이
중요하다는 걸 알고 있다. 글쓰기는 닥쳐서 준비하는 게 아니라
평소 실력이 중요하다는 이야기일 수도 있다. 명은은 두
사람에게서 열등감을 느낀다. 명은은 두 사람과 친해지고 나서
이런 질문을 던진다.

> 명은: 근데, 너넨 글짓기 며칠 동안 준비했어?
> 하얀: 우리? 한 시간?
> 명은: 정말? 어떻게?
> 혜진: 우린 준비 같은 거 안 해. 그냥 자기 얘기 솔직하게 하면
>   선생님들은 감동받으면서 상을 주거든. 지금까지 모든
>   학교가 그랬어.
> 하얀: 맞아. 한 번도 틀린 적이 없었어.

　간단하다. 솔직하게 쓰기만 하면 되는 거였다. 그런데
혜진과 하얀의 말투가 조금 이상하다. '솔직하게 쓰면
선생님들은 감동받아서 상 준다'는 이야기를 '일타강사'처럼
한다. '지금까지 모든 학교가 그랬다'면서 필살기를
알려주듯 말한다. 두 사람에게 '솔직한 글'은 '태도'가 아니라
'방법'이었다. 솔직한 글을 썼을 때 선생님들이 감동하는
모습을 보았고, 그런 일이 반복되자 솔직한 글을 자신들의

무기로 내세우게 된 것이다. 솔직하게만 쓰면 되는데, 그렇게
간단한 일인데, 명은은 솔직할 수가 없다.

　　명은은 다짐했다. 솔직해지기로. '솔직'이라는 비밀 병기로
멋진 글을 쓰리라 마음먹었다. 성원시 어린이 글짓기 대회에
두 편의 글을 출품했다. 평소 쓰던 대로 조금 덜 솔직한 글
〈Happy birthday to 가족〉은 입선을 수상했고, 지나칠 정도로
솔직하게 가족의 치부를 드러낸 글 〈손녀로부터 온 편지〉는
대상에 선정됐다. 명은은 처음엔 기뻐하지만 시간이 지날수록
마음이 불편해져 대상을 포기하기로 마음먹는다. 애란
선생님은 명은의 마음을 돌리려 애쓴다.

> 애란: 솔직한 게 창피해서 그래? 일기장처럼?
>
> 명은: (고개를 끄덕인다)
>
> 애란: 공개가 된다고 해서 부끄러운 거지?
>
> 명은: (고개를 끄덕인다)
>
> 애란: 선생님 생각은 좀 다른데? 명은이의 솔직한 마음에 글을
> 　　　읽는 사람들은 오히려 감동할 거야.
>
> 명은: …
>
> 애란: 주제가 가족인데, 어떤 솔직한 마음을 썼어? 입선 받은
> 　　　거랑 많이 달라?
>
> 명은: 아무도 모르는 얘기요.
>
> 애란: 그럼 더 특별하겠다. 그치?

명은: 선생님…

애란: 응.

명은: 솔직히 상은 받고 싶은데… 공개는 하고 싶지 않아요…

(…)

애란은 '비밀 우체통'에서 쪽지를 꺼내어 읽는다.

'제 솔직한 마음 때문에 가족이 상처받을까봐 겁나요…'

애란은 교무수첩에 글씨를 적어 내려간다.

그리곤 다 쓴 쪽지를 접어 '비밀 우체통'에 넣는다.

명은은 '비밀 우체통'에서 쪽지를 꺼내어 읽는다.

'명은이는 정말 가족을 사랑하는구나…'

명은은 고개를 젓는다.

애란: 명은이의 마음이 정말 그렇다면, 선생님은 이해할게.
      상을 취소해도 좋아. 억지로 솔직해질 필요 없어. 솔직한
      것만이 좋은 것이 아니니까.

명은: 솔직한 게 좋은 거잖아요.

애란: 선생님 생각에 중요한 건 솔직하지 않더라도, 비록
      거짓을 말하고 있더라도 상대방의 마음을 헤아리는
      마음이야. 명은이가 가족을 생각하는 마음처럼 말이야.

명은: (고개를 젓는다) 저는 가족을 사랑하지 않아요. 우리 가족
      같은 사람들 정말 싫어요.

애란: (그제야 명은이의 사정을 조금은 이해하는 표정) 그걸 썼구나.

명은: (고개를 끄덕이는) 그런데… 마음이 정말 불편해요…

　글을 쓰려고 마음먹는 모든 사람들에게 애란 선생님과
명은의 대화를 들려주고 싶다. 우리는 어렸을 때부터 솔직함을
강요받는다. 거짓말을 하는 아이는 혼이 나고, 솔직한 아이는
칭찬받는다. 솔직한 글은 무조건 좋다고 하고, 상상력이 뛰어난
아이들은 허황된 글을 쓴다고 지적받는다. 애란 선생님은
'솔직함보다 더 중요한 것은 차라리 거짓말을 하더라도
상대방의 마음을 헤아리는 마음'이라는 조언을 해준다. 글의
완성도보다 더 중요한 것은 '어떤 글을 쓰고 싶은가'라는
물음이다. 주변 사람들이 다치더라도 완벽한 예술을 추구하고
싶은 사람이라면 그렇게 해도 된다. 선택의 결과만 받아들이면
된다. 자신의 예술이 덜 주목받더라도 누군가를 다치게 하고
싶지 않은 예술가라면 조금 덜 솔직해도 된다. 대신 솔직함을
이길 수 있는 자신만의 무기를 개발해야 한다. 세상은 대체로
전자에게 환호하지만, 세상의 예술가들 중에는 후자가 더 많을
것이다. 〈비밀의 언덕〉을 보고 나면 이런 질문을 던질 수밖에
없다. 나는 어떤 예술이 하고 싶은가, 혹은 나는 어떤 삶을 살고
싶은가? 내가 더 중요하게 생각하는 것은 내 일의 완성도인가,
함께 일을 하고 있는 사람들인가?

　대상을 포기하고 입선을 수상하게 된 명은은 시상식의
주인공이 되지 못한다. 단체사진을 찍을 때는 키 큰 남자아이에

가려 얼굴도 내밀지 못한다. 남자아이는 조명도 다 가려버렸다.
트로피를 포기하고 입선 내용이 적힌 종이 상장을 받아드는
명은은, 어둠 속에서도 환하게 웃는다. 그 웃음에는 다양한
의미가 들어 있을 것이다. 가족의 치부를 까발린 글이 세상에
나오지 않아서 정말 다행이라는 안도의 웃음일 수도 있고,
솔직한 게 꼭 좋은 게 아니라는 애란 선생님의 말에서 위로받은
평안의 웃음일 수도 있다. 입선이라도 받을 수 있어서 정말
다행이라는 마음에서 나온 웃음일 수도 있다. 명은은 그런
웃음을 짓는 예술가가 되기로 마음먹은 것이다.

　　명은은 '비밀의 언덕'에다 〈손녀로부터 온 편지〉의 원고를
파묻는다. 명은은 가족의 치부를 글로 쓸 만큼 그들을 미워한
것일까, 글로 쓰긴 했지만 세상에서 감추었으니 그들을
사랑한 것일까? 명은은 원고를 파묻으면서 '사랑과 미움'이
상반되는 감정이 아니라는 걸 깨달았을 것이다. 그 둘은 이란성
쌍둥이처럼 붙어 있다. 100퍼센트의 사랑도, 100퍼센트의
미움도 불가능하다. 글을 쓴다는 건 사랑 속에서 미움을
발견하고, 미움 속에서도 사랑을 발견하게 되는 일이라는 걸,
알게 됐을 것이다.

　　GV에서 시상식장 장면과 비밀의 언덕에다 원고를 묻는
장면을 보고 울었다는 고백을 했더니 이지은 감독이 '무척
공들여 찍은 장면들'이라는 설명을 해주었다.

"시상식장 장면은, 제가 저 혼자 콘티를 그려볼 정도로 제대로 구현하고 싶었던 장면이에요. 내 앞에 저 키 큰 애가 있고 조명이 반만 비추고 반은 어두운데, 여기서 웃고 있는 걸 정말 잘 보여주고 싶었어요. 조명감독과 촬영감독과 상의해서 연출을 했고요. 명은이는 항상 스포트라이트를 받으려고 하는 친구였어요. 그런 성격의 친구인데, 실은 우리가 살아가면서 스포트라이트를 받을 수 있는 날은 거의 없고, 누군가 스포트라이트 받는 모습을 보면서 박수 치는 날들이 훨씬 더 많잖아요. 그걸 명은이는 최초로 경험해본 것 같아요. 두 발자국 뒤로 물러나야 하는 것이 성장의 단계라는 것을 명은이가 처음으로 경험하는 거죠. 공들여 찍었고, 되게 좋아하는 장면입니다."

언덕 장면에 대해서는 문승아 배우가 설명을 해주었다.

"감독님이 〈비밀의 언덕〉에서 언덕이 성장통이라고 하셨거든요. 누구나 다 아는 성장통도 있지만 이렇게 자신만 아는 비밀의 성장통도 있잖아요. 저는 막 크고 있을 때라서 성장통이 자주 오는데, 요새는 성장통이 오면 되게 기분이 좋거든요. 키가 클 거라는 생각이 들어가지고요."

어둠 속에서 명은이 환하게 웃을 수 있었던 이유는, 문승아 배우의 말처럼, 키가 클 거라는 생각 때문에, 더 좋은 글을 쓸 수 있을지도 모른다는 생각 때문에 기분이 좋아져서였는지도 모르겠다. 솔직한 글을 써서 대상도 받아봤지만 그게 자신의 길이 아니란 걸 알았으니, 다음번에는 전혀 다른 글을 쓰며 성장하게 될 것이다.

〈비밀의 언덕〉을 많은 사람들이 보고 이야기를 나누었으면 좋겠다. 앞으로 글쓰기 강의를 하게 된다면, 〈비밀의 언덕〉을 교재 중 하나로 정할 것이다. 〈비밀의 언덕〉을 보고 난 다음 글을 쓰게 할 것이고, 말을 하게 할 것이다. 솔직한 글이 무조건 좋을 수는 없으며, 누군가를 다치게 하는 예술은 본인에게도 커다란 내상을 입힌다는 사실도 얘기해줄 것이다. 그럼에도 완벽하게 솔직하고 싶다면 그런 선택을 해도 좋다고 얘기해줄 것이다. 혜진과 하얀은 앞으로 어떤 글을 쓰게 될까? 두 사람의 앞날도 응원하고 싶다. 혜진과 하얀은 힘든 일이 너무 많았기 때문에 글쓰기를 통해서 솔직하게 진실을 토해내는 방법으로 자신들을 지켜왔다. 명은이 대상을 받았을 때 질투의 감정으로 가득 찬 표정을 지은 것은, 글쓰기를 너무 사랑하기 때문일 것이다. 혜진과 하얀이 질투의 감정을 좋은 쪽으로 발전시킨다면 엄청난 작품을 쓰는 작가들이 될 것이다.

영화의 마지막 시퀀스도 무척 좋아한다. 6학년이 된 명은이는 가정환경조사서를 솔직하게 써내려가지만 선생님은 그런 데 관심이 없다.

"(가정환경조사서를) 뒤로 뒤집어. 나는 개인적으로 가정환경은 하나도 궁금하지 않아. 오로지 너희들만이 궁금하다. 지금부터 거기에 자기 자신에 대해 아무거나 써. 자신의 좌우명, 꿈, 존경하는 사람, 좋아하는 것, 싫어하는 것, 성격, 장점, 단점, 콤플렉스, 친구, 생일, 많지? 한 학년 동안 선생님이 알아야 할 것도 좋아. 정 쓸 게 없는 사람은 선생님께 러브레터를 써도 된다."

명은은 환하게 웃으면서 사인펜으로 빈 종이를 채워나간다. 명은이 작가가 되지 않더라도 이 순간을 기억했으면 좋겠다. 자유롭게 자신에 대해 써내려갔던 6학년의 한 순간을, 가정환경 같은 거 신경 쓰지 않고 자신의 현재와 미래에 대해 집중했던 시간을 기억하면 좋겠다. 〈비밀의 언덕〉은 우리들의 5학년을, 그때 우리가 어떤 사람들이었는지를, 어떤 꿈을 꾸고 있었는지를 떠올리게 한다.